本書の特長

◆ コピーして、すぐに使える！

出張や病欠など、担任の先生がご不在の際にお使いいただける自習用プリント集です。

本書をコピーするだけで、いつもと少しちがった自習用教材ができあがります。

通常の教材の紙よりも厚めの紙を使用しています。紙が反らず、コピーもきれいにとれます。

◆ 使えるプリントが59枚！

国語・算数に対応したプリントを、合計59枚収録。

出張時はもちろん、それ以外にも、授業の教材や宿題用プリント、すきま時間にもお使いいただけます。

◆ マルつけが簡単！

計算や漢字のプリントでは、答え合わせやマルつけがたいへん。

本書の解答は、プリントをそのまま縮小した形で掲載していますので、拡大コピーして配布すれば、子ども自身で答え合わせができます。

本書の構成と使い方

3年～ 40分

学年と解答時間の目安を表示しています。表示の学年以上なら、何年生でも楽しんで取り組めます。

さんすう・けいさん

「国語」「算数」などの教科名と、その単元を示しています。

子どもたちに向けて、メッセージを記入する欄を設けています。問題のヒントなどを記入することもできます。

虫くいかけ算 ① 算数・計算 3年～ 40分 名前

❀ □に、あてはまる数を書きましょう。

① □4 × 2 = 48　　㋐4 × 2 = 48

2×㋐＝4 だから、㋐は2だね。

② □1 × 4 = 84

③ □4 × 2 = 68

④ 4□ × 2 = 86

⑤ 31 × □ = 93

⑥ 3□ × □ = 64　　3㋐ × ㋑ = 64

㋑×3＝6だから ㋑は、2。 2×㋐＝4になるから、㋐は、2だね。

⑦ 1□ × □ = 39

⑧ 2□ × □ = 69

⑨ □2 × □ = 48

⑩ □3 × □ = 69

⑪ □5 × 3 = 75

⑫ □3 × 4 = 92

⑬ 1□ × 4 = 76

⑭ 18 × □ = 90

⑮ 1□ × □ = 75

⑯ 2□ × □ = 81

⑰ □3 × □ = 91

⑱ □9 × □ = 87

⑲ □6 × 4 = 304

⑳ 14 × □ = 126

㉑ □2 × □ = 336

㉒ □8 × □ = 702

㉓ □6 × □ = □02

㉔ □7 × □ = □23

㉕ 4□8 × □ = □56

㉖ 3□7 × □ = □51

14　　　　算数 3年～ 15

解説やヒントを入れて、子ども自身で問題に取り組めるようにしています。

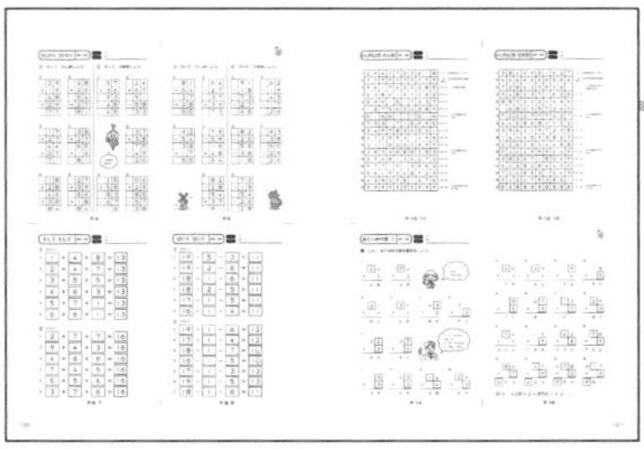

解答を問題ページの解答欄の位置に表示し、4分の1に縮小して掲載。答え合わせも簡単です。

辞書・電卓など、用意するものがある場合は、マークで示しています。

目 次

算数

国語

たしたり、ひいたり　算数・計算

3年～　20分

名前

1　たして、たしましょう。

①

	2	9
＋	1	9
	4	8
＋	2	9
	7	7

②

	2	8
＋	2	6
＋	2	7

③

	1	7
＋	2	7
＋	2	7

④

	3	8
＋	2	7
＋	1	6

⑤

	1	8
＋	2	8
＋	3	8

⑥

	2	7
＋	3	9
＋	1	8

2　たして、ひきましょう。

①

	5	7
＋	3	6
−	4	8

②

	2	4
＋	6	7
−	5	8

③

	3	7
＋	3	8
−	4	9

④

	2	5
＋	5	8
−	6	7

⑤

	5	6
＋	2	9
−	5	7

3 ひいて、たしましょう。

①

	8	1
−	5	4
＋	2	8

②

	6	4
−	2	7
＋	3	6

③

	9	2
−	5	4
＋	1	7

④

	7	5
−	5	9
＋	4	8

⑤

	8	2
−	2	8
＋	3	7

4 ひいて、ひきましょう。

①

	9	1
−	1	8
−	2	7

②

	6	2
−	1	9
−	1	7

③

	8	2
−	2	6
−	3	8

④

	9	3
−	3	8
−	2	9

⑤

	7	3
−	1	9
−	2	6

たして たして　算数・計算

3年〜　20分

名前

1　□ に、1 2 3 4 5 6 7 8 9 の数を入れて、答えが13になるようにしましょう。同じ数を２回使《つか》うこともできます。

（れい）

① 1 ＋ 4 ＋ 8 ＝ 13

② 2 ＋ □ ＋ □ ＝ 13

③ 3 ＋ □ ＋ □ ＝ 13

④ 4 ＋ □ ＋ □ ＝ 13

⑤ 5 ＋ □ ＋ □ ＝ 13

⑥ 6 ＋ □ ＋ □ ＝ 13

■＋□＋□で、答えが13になるたし算は、57通りもあるよ！

2　□に、1 2 3 4 5 6 7 8 9の数を入れて、答えが16になるようにしましょう。同じ数を２回使うこともできます。

① 2 ＋ □ ＋ □ ＝ 16

② 9 ＋ □ ＋ □ ＝ 16

③ 4 ＋ □ ＋ □ ＝ 16

④ 7 ＋ □ ＋ □ ＝ 16

⑤ 5 ＋ □ ＋ □ ＝ 16

⑥ 3 ＋ □ ＋ □ ＝ 16

■＋□＋□で、答えが16になるたし算は、60通りもあるよ！

ひいて ひいて　算数・計算

3年～　20分

名前 ＿＿＿＿＿＿＿＿＿＿

1　□に、1 2 3 4 5 6 7の数を入れて、答えが11になるようにしましょう。同じ数を２回使《つか》うこともできます。

（れい）
① 19 − 5 − 3 ＝ 11

② 19 − □ − □ ＝ 11

③ 18 − □ − □ ＝ 11

④ 18 − □ − □ ＝ 11

⑤ 17 − □ − □ ＝ 11

⑥ 16 − □ − □ ＝ 11

ア−□−□　アの数を13、14、15、16、17、18、19とすると、全《ぜん》部《ぶ》で28通りのひき算ができます。

[2] □に、[1][2][3][4][5][6][7][8][9]の数を入れて、答えが□になるようにしましょう。同じ数を２回使うこともできます。

① [19] − □ − □ ＝ [12]

② [17] − □ − □ ＝ [12]

③ [18] − □ − □ ＝ [10]

④ [16] − □ − □ ＝ [10]

⑤ [17] − □ − □ ＝ [13]

⑥ [19] − □ − □ ＝ [13]

⑦ [18] − □ − □ ＝ [11]

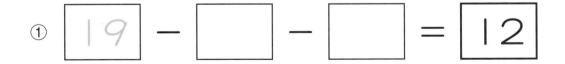

ふしぎな計算（たし算）｜算数・計算　3年～　40分　名前

✿　ふしぎなたし算です。右ページのやり方を見て、いそがずに計算しましょう。

①	2	9	4	0	7	5	3	6	1	8	←（0～9の数字を1つずつ）	
②	7	7	7	7	7	7	7	7	7	7	←（2～9のなかで同じ数を10こ）	
③											←①＋②	1の位《くらい》だけ書く。
④											←②＋③	
⑤											←③＋④	
⑥											←④＋⑤	
⑦											←⑤＋⑥	2つの数だけになる。
⑧											←⑥＋⑦	
⑨											←⑦＋⑧	
⑩											←⑧＋⑨	
⑪											←⑨＋⑩	
⑫											←⑩＋⑪	2つの数だけになる。
⑬											←⑪＋⑫	
⑭											←⑫＋⑬	
⑮											←⑬＋⑭	
⑯											←⑭＋⑮	
⑰											←⑮＋⑯	みんなが同じ数になる。

ふしぎなたし算のやり方ですぞ。

①	2	9	4	0
②	7	7	7	7
③	9	6	1	

- ①と②をたします。
  答えを③に書きます。
  2＋7＝9
  9＋7＝16　くり上がったときは、
  1の位の数だけ書く。

- 同じように、上の2マスのたし算を
  ⑰までくり返《かえ》します。

⑦											←⑤＋⑥

- ⑤＋⑥をすると、2つの数だけになります。

⑫											←⑩＋⑪

- ⑩＋⑪をすると、2つの数だけになります。
- ⑦と⑫は、計算のチェックポイントです。

⑰											←⑮＋⑯

- 同じ数が10こならびます。

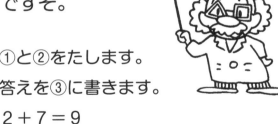

ふしぎな計算（ひき算）

算数・計算

3年～
40分

名前 ＿＿＿＿＿＿＿＿

✿ ふしぎなひき算です。右ページのやり方を見て、いそがずに計算しましょう。

①	3	8	4	0	9	5	1	6	2	7	←（0～9の数字を1つずつ）	
②	6	6	6	6	6	6	6	6	6	6	←（2～9のなかで同じ数を10こ）	
③											←①－②	ひけないときは、10たしてひく。
④											←②－③	
⑤											←③－④	
⑥											←④－⑤	
⑦											←⑤－⑥	2つの数だけになる。
⑧											←⑥－⑦	
⑨											←⑦－⑧	
⑩											←⑧－⑨	
⑪											←⑨－⑩	
⑫											←⑩－⑪	2つの数だけになる。
⑬											←⑪－⑫	
⑭											←⑫－⑬	
⑮											←⑬－⑭	
⑯											←⑭－⑮	
⑰											←⑮－⑯	みんなが同じ数になる。

ふしぎなひき算のやり方ですぞ。

①	3	8	4	0
②	6	6	6	6
③	7	2	8	

- ①から②をひきます。
  答えは、③に書きます。
  3－6は、ひけないので10たしてから
  ひきます。
  13－6＝7　　8－6＝2

- 同じように、上の2マスのひき算を
  ⑰までくり返《かえ》します。

⑦										←⑤－⑥

- ⑤－⑥をすると、2つの数だけになります。

⑫										←⑩－⑪

- ⑩－⑪をすると、2つの数だけになります。
- ⑦と⑫は、計算のチェックポイントです。

⑰										←⑮－⑯

- 同じ数が10こならびます。

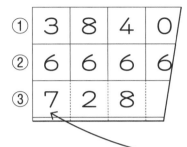

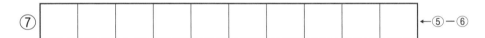

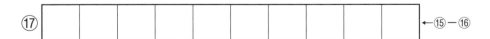

虫くいかけ算 ①　算数・計算

3年〜　40分

名前

✿ □に、あてはまる数を書きましょう。

①

$$\begin{array}{r} \square\;4 \\ \times\quad\;2 \\ \hline 4\;8 \end{array} \qquad \begin{array}{r} \boxed{㋐}\;4 \\ \times\quad\;2 \\ \hline 4\;8 \end{array}$$

②

$$\begin{array}{r} \square\;1 \\ \times\quad\;4 \\ \hline 8\;4 \end{array}$$

③

$$\begin{array}{r} \square\;4 \\ \times\quad\;2 \\ \hline 6\;8 \end{array}$$

④

$$\begin{array}{r} 4\;\square \\ \times\quad\;2 \\ \hline 8\;6 \end{array}$$

⑤

$$\begin{array}{r} 3\;1 \\ \times\quad\;\square \\ \hline 9\;3 \end{array}$$

⑥

$$\begin{array}{r} 3\;\square \\ \times\quad\;\square \\ \hline 6\;4 \end{array} \qquad \begin{array}{r} 3\;\boxed{㋐} \\ \times\quad\;\boxed{㋑} \\ \hline 6\;4 \end{array}$$

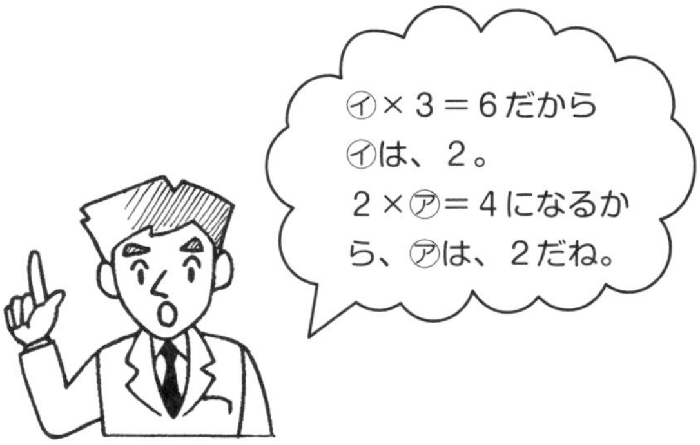

⑦

$$\begin{array}{r} 1\;\square \\ \times\quad\;\square \\ \hline 3\;9 \end{array}$$

⑧

$$\begin{array}{r} 2\;\square \\ \times\quad\;\square \\ \hline 6\;9 \end{array}$$

⑨

$$\begin{array}{r} \square\;2 \\ \times\quad\;\square \\ \hline 4\;8 \end{array}$$

⑩

$$\begin{array}{r} \square\;3 \\ \times\quad\;\square \\ \hline 6\;9 \end{array}$$

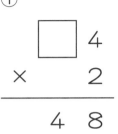

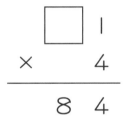

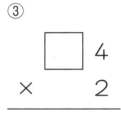

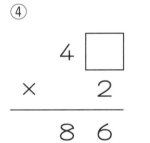

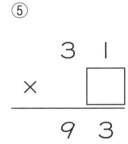

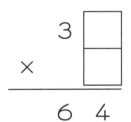

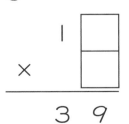

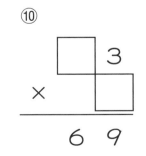

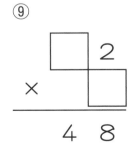

⑪

□ 5
× 3
7 5

⑫

□ 3
× 4
9 2

⑬

1 □
× 4
7 6

⑭

1 8
× □
9 0

⑮

1 □
× □
7 5

⑯

2 □
× □
8 1

⑰

□ 3
× □
9 1

⑱

□ 9
× □
8 7

⑲

□ 6
× 4
3 0 4

⑳

1 4
× □
1 2 6

㉑

□ 2
× □
3 3 6

㉒

□ 8
× □
7 0 2

㉓

□ 6
× □
□ 0 2

㉔

□ 7
× □
□ 2 3

㉕

4 □ 8
× □
□ 5 6

㉖

3 □ 7
× □
□ 5 1

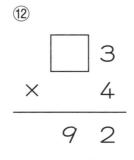

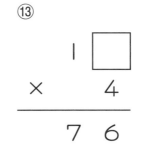

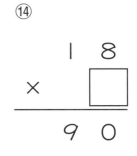

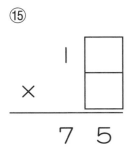

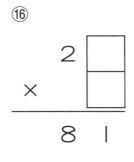

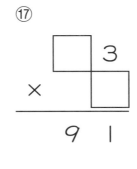

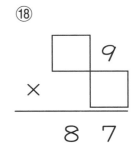

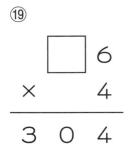

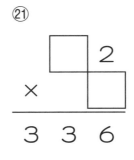

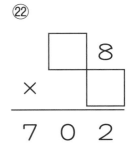

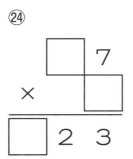

虫くいかけ算 ② 算数・計算

3年～
40分

名前

✿ 虫くいかけ算のスーパーハイレベル問題《もんだい》です。自しんのある人は、ちょうせんしてみましょう。

①
　3 □ 6
× 　　□
3 □ 0 8

②
　4 □ 8
× 　　□
4 □ 1 2

③
　8 □ 7
× 　　□
5 □ 0 2

④
　4 □ 8
× 　　□
4 □ 0 2

⑤
　6 □ 8
× 　　□
2 □ 0 4

⑥
　6 □ 7
× 　　□
2 □ 9 1

⑦
　3 □ 8
× 　　□
2 □ 0 8

⑧
　7 □ 6
× 　　□
5 □ 1 2

⑨
　8 □ 9
× 　　□
7 □ 3 2

⑩
　6 □ 6
× 　　□
4 □ 1 6

⑪
　2 □ 8
× 　　□
2 □ 2 4

⑫
　7 □ 5
× 　　□
6 □ 2 0

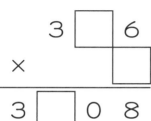

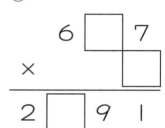

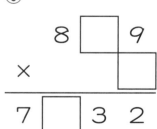

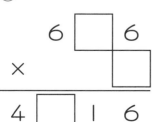

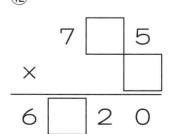

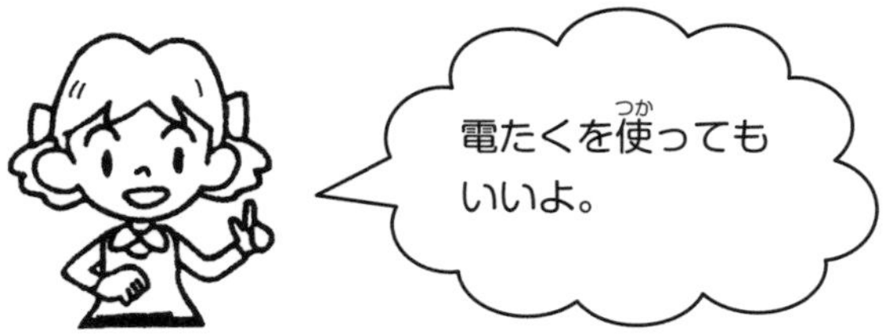

⑬

　4□9
×　 □
□□31

⑭

　5□6
×　 □
□□02

⑮

　1□8
×　 □
□□08

⑯

　6□7
×　 □
□□01

⑰

　3□7
×　 □
□□13

⑱

　5□4
×　 □
□□18

⑲

　8□3
×　 □
□□17

⑳

　8□8
×　 □
□□46

㉑

　8□9
×　 □
□□07

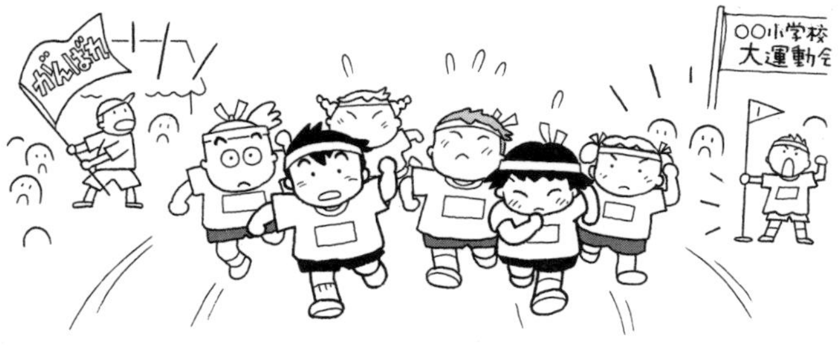

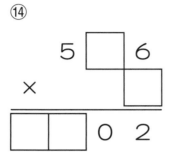

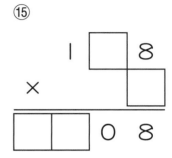

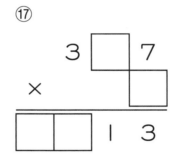

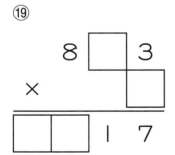

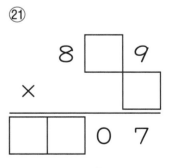

方じんの計算　算数・計算

3年〜　20分

名前＿＿＿＿＿＿＿＿＿＿＿＿＿＿＿＿

矢じるしの ↓→↙↘ の方へたします。

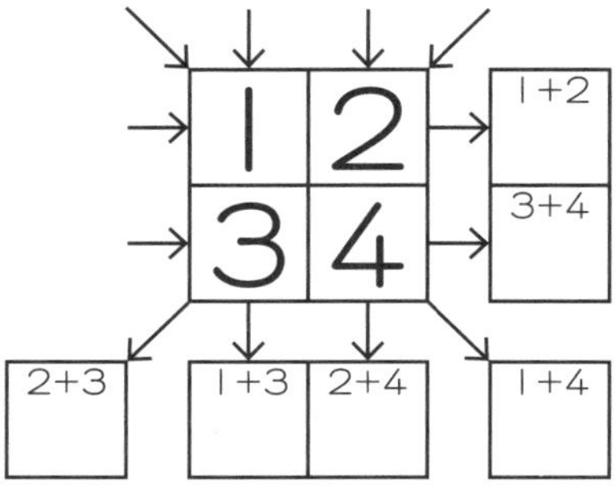

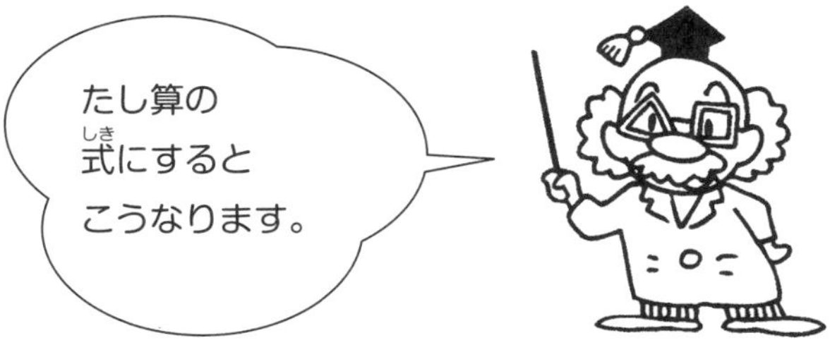

①

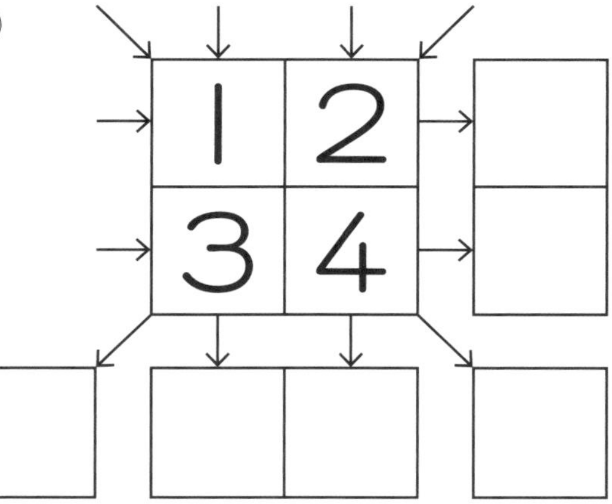

②

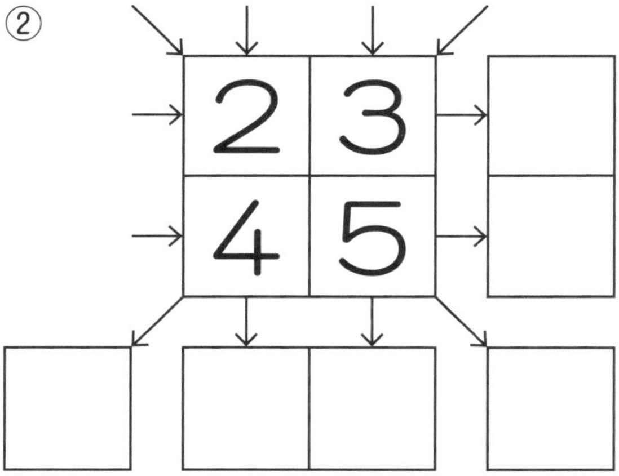

③

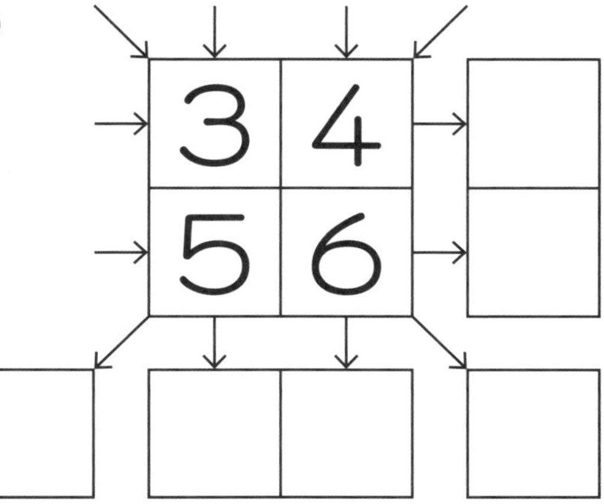

④

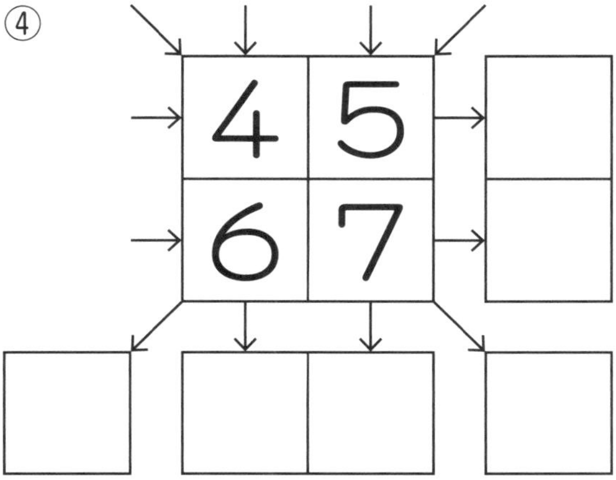

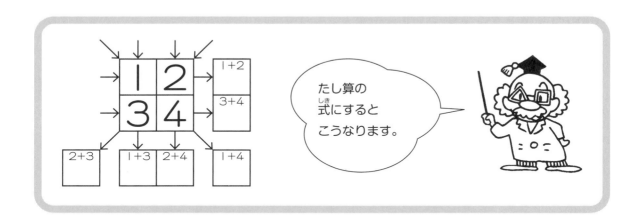

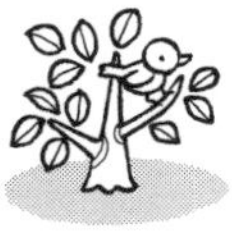

⑤

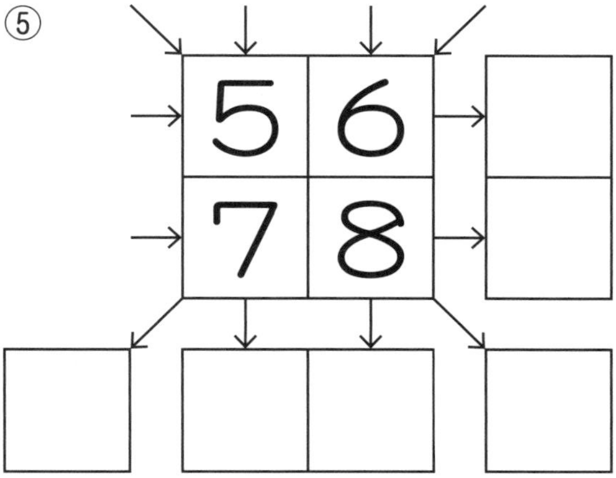
5 6
7 8

⑥

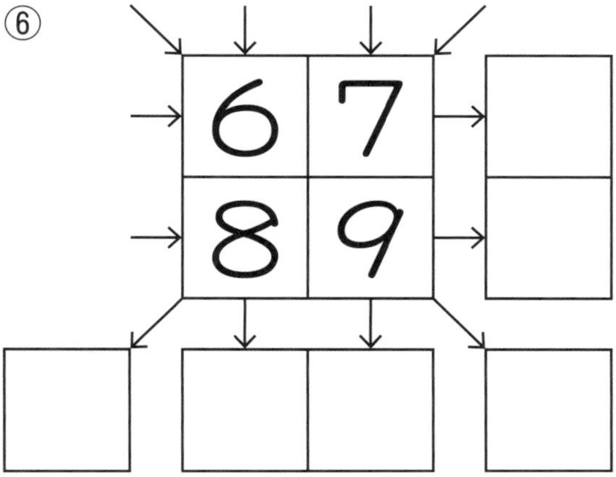
6 7
8 9

⑦

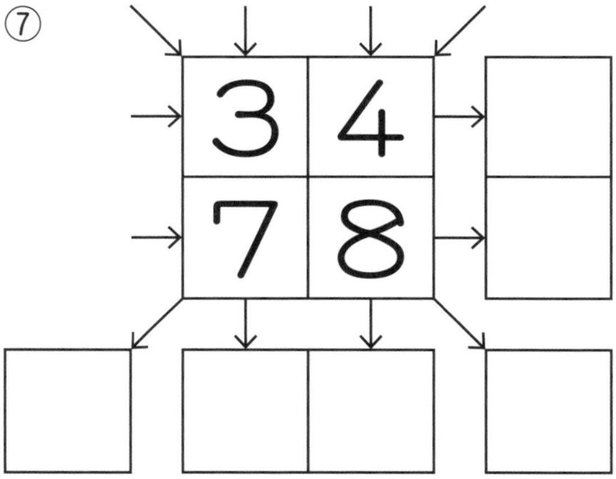
3 4
7 8

⑧

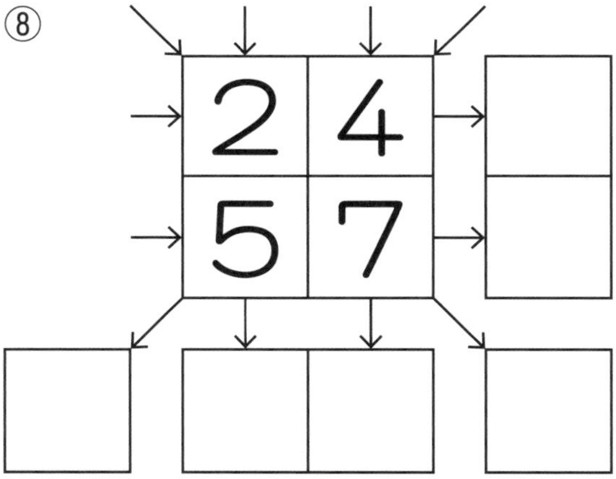
2 4
5 7

⑨

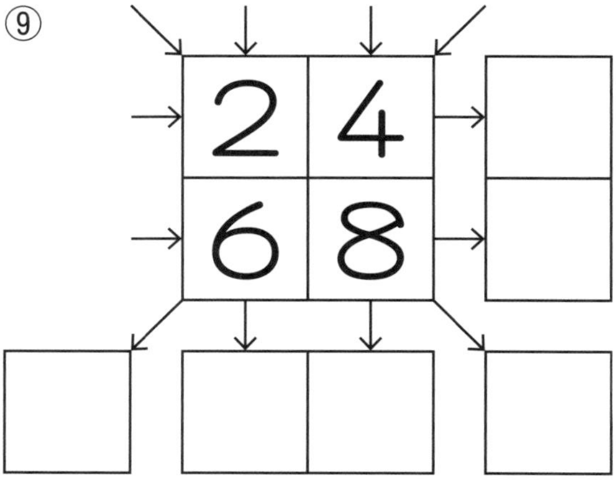
2 4
6 8

⑩

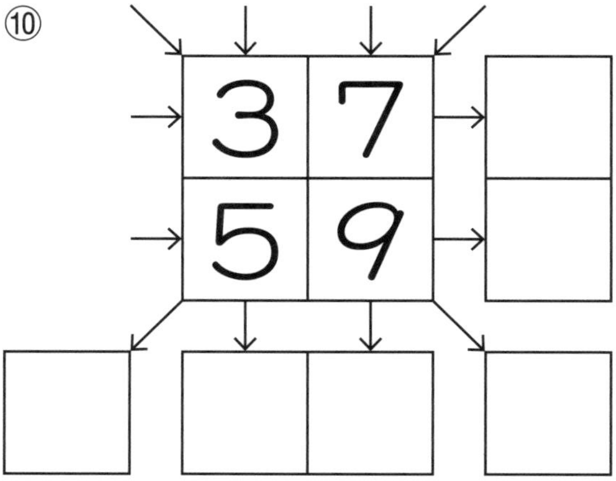
3 7
5 9

ま方じん（3方じん）　算数・計算

3年～　20分

名前 ＿＿＿＿＿＿＿＿＿＿

✿ たてに３つの数をたしても、横《よこ》に３つの数をたしても、ななめに３つの数をたしても15です。
空いている□ に、あてはまる数を書きます。

数が２つわかっている
ところから計算してね。

①

			→
2	9		15
	5		15
			15

ななめ（左下へ）：15　たて：15　15　15　ななめ（右下へ）：15

②

			→
			15
1		9	15
6			15

ななめ（左下へ）：15　たて：15　15　15　ななめ（右下へ）：15

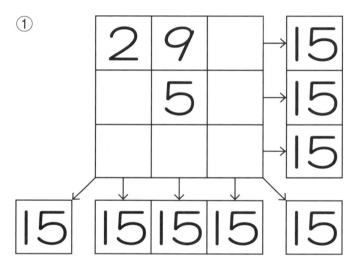

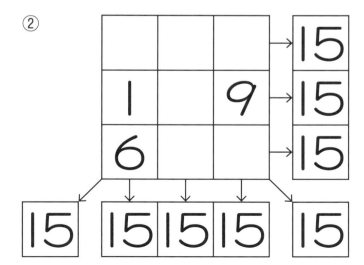

✿　③は同じように３つの数をたして18になります。

④は同じように３つの数をたして12になります。

空いている □ にはどんな数が入りますか？

③

	5			→ 18
		6		→ 18
		2		→ 18
↙ 18	↓ 18	↓ 18	↓ 18	↘ 18

④

	1		5	→ 12
				→ 12
		2		→ 12
↙ 12	↓ 12	↓ 12	↓ 12	↘ 12

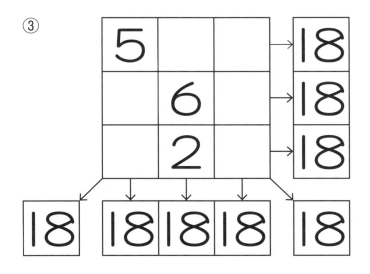

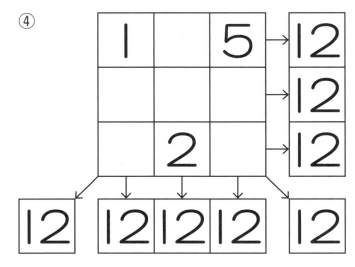

□＋□×□＝10　算数・計算

3年～　20分

名前 ＿＿＿＿＿＿＿＿＿＿＿＿＿＿＿＿

❀ 10になるように、1、2、3、4、5、6、7、8、9から数をえらんで□に書きます。同じ数も使《つか》えます。
・かけ算を先にします。

全部《ぜんぶ》で23問《もん》つくれます。

ヒント

いろいろなやり方があるよ。
かけられる数が「1」だったら、どんなかけ算ができるかな。
□+1×9=10、□+1×8=10…
「1」が終《お》わったら、「2」を入れてみよう。

① □ ＋ □ × □ ＝ 10

② □ ＋ □ × □ ＝ 10

③ □ ＋ □ × □ ＝ 10

④ □ ＋ □ × □ ＝ 10

⑤ □ ＋ □ × □ ＝ 10

□＋□÷□＝10　算数・計算

3年～
20分

名前 ＿＿＿＿＿＿＿＿＿＿＿＿

✿ 10になるように、1、2、3、4、5、6、7、8、9から数をえらんで□に書きます。同じ数も使えます。

・わり算を先にします。

全部で23問つくれます。

ヒント　いろいろなやり方があるよ。
わる数が「1」だったら、どんなわり算ができるかな。□+9÷1=10、□+8÷1=10…
「1」が終《お》わったら、「2」を入れてみよう。

① $\square + \square \div \square = 10$

② $\square + \square \div \square = 10$

③ $\square + \square \div \square = 10$

④ $\square + \square \div \square = 10$

⑤ $\square + \square \div \square = 10$

たすと18だ

算数・計算

3年～

20分

名前

✿　8この○には、1、2、3、4、5、6、7、8の数が入ります。円の上の4この数、直線の上の4この数をたすと、どれも18になります。空いている○に数を書き入れます。

①

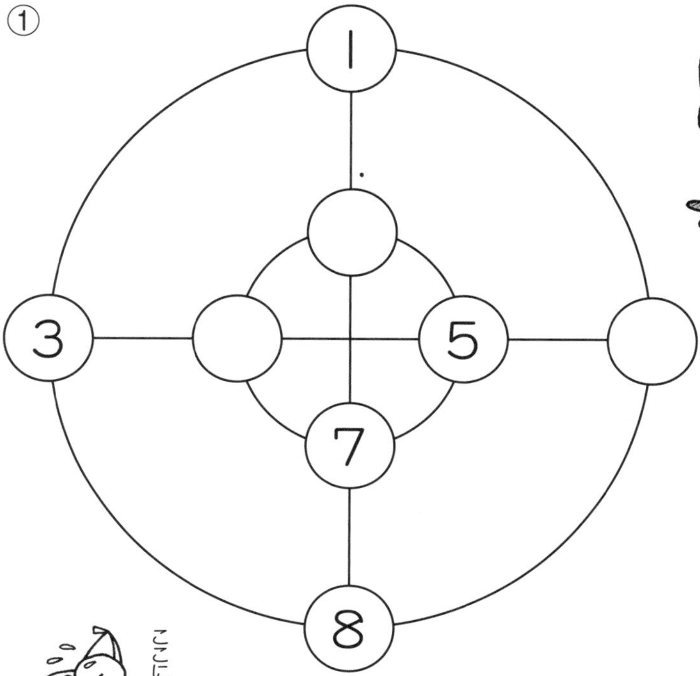

ヒント

1つ数を入れるとたして「18」になるところから始《はじ》めます。

<れい>

大きい円は

1＋⑥＋8＋3＝18

次《つぎ》に横《よこ》の計算ができます。

3＋④＋5＋⑥＝18

ここに入る数はなんだ?

②

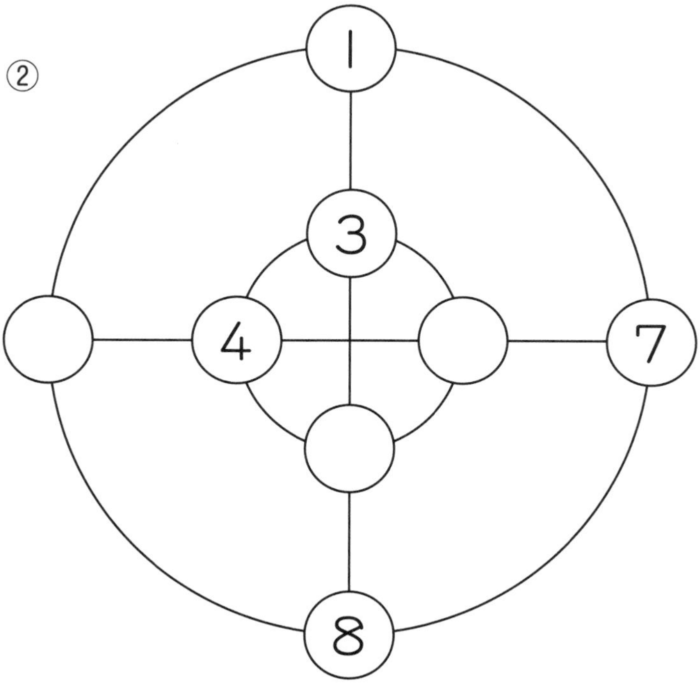

②からは自分でしてみよう。

2つ○のあるところはあとまわしだよ。

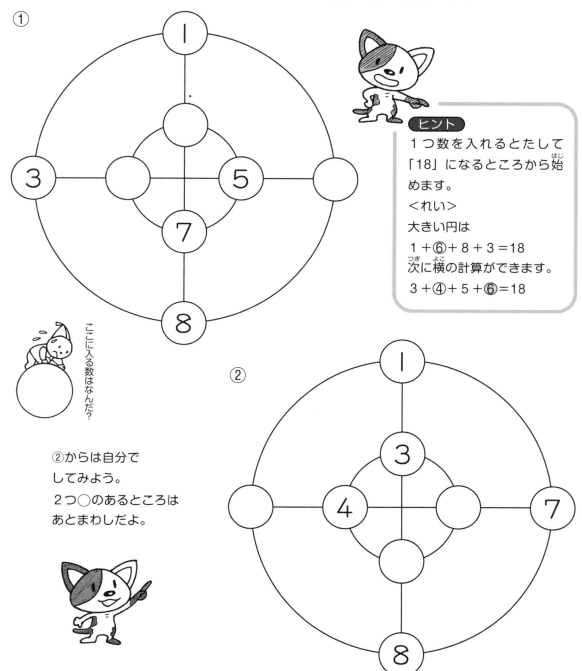

③

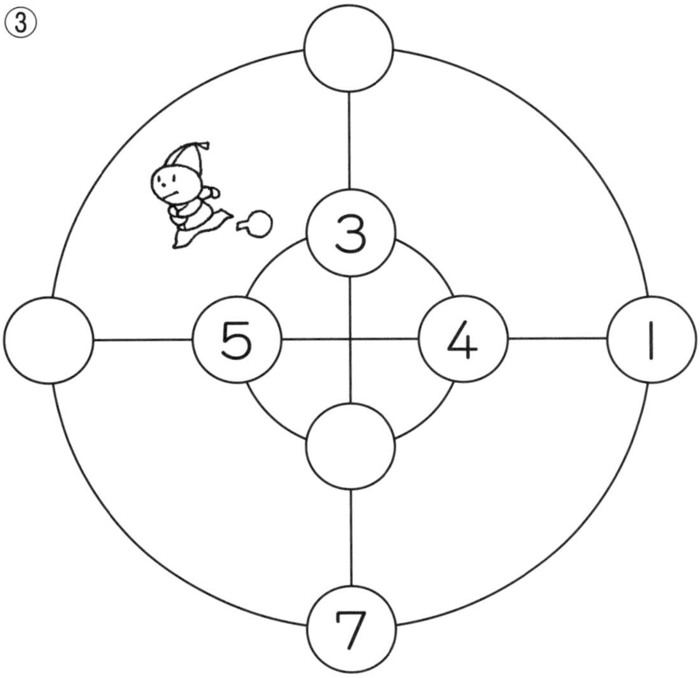

④

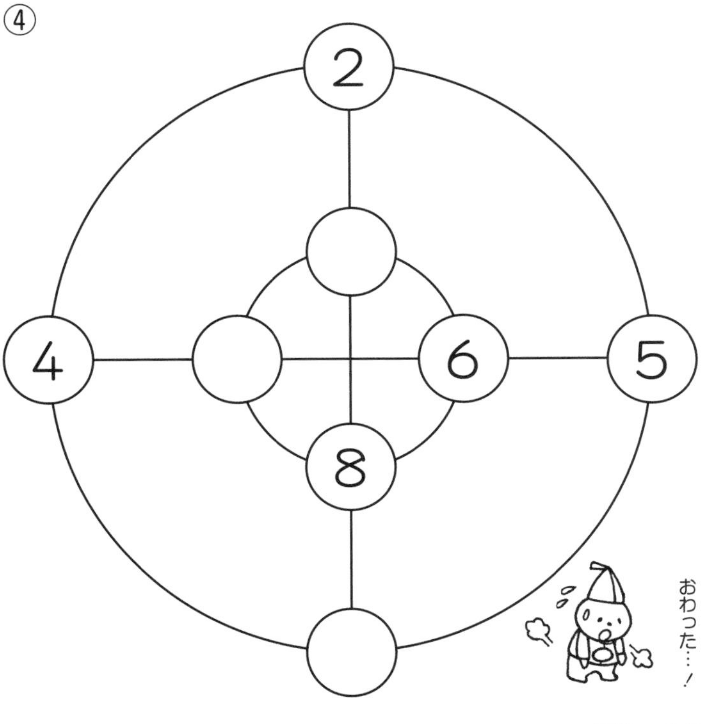

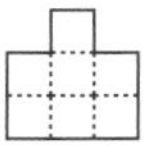をブロックでしきつめる　算数・図形

3年～　20分

名前

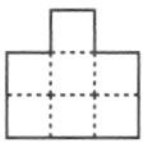にブロックをしきつめます。

1 を1こ、（赤色にぬる）

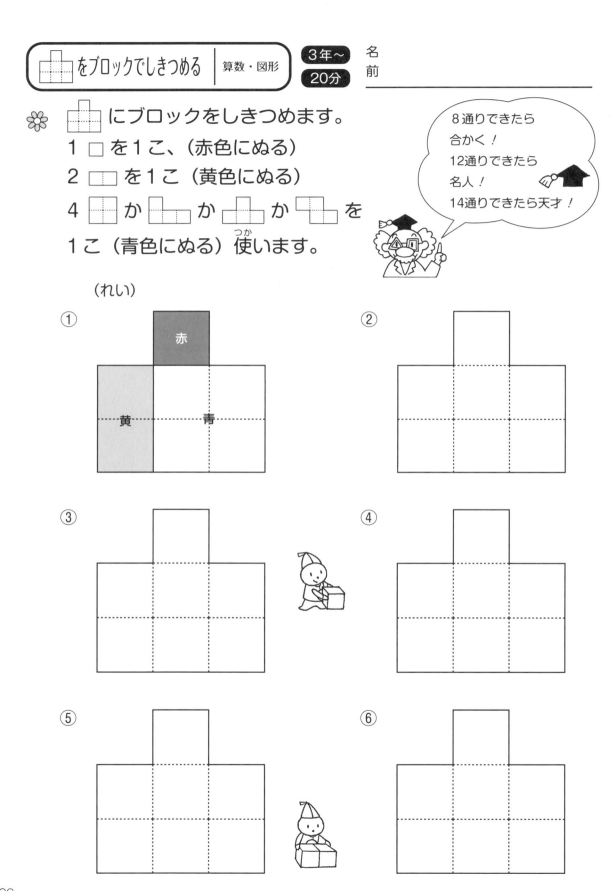

2 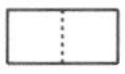を1こ（黄色にぬる）

4 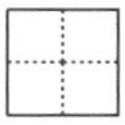か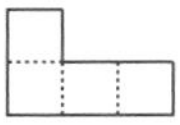か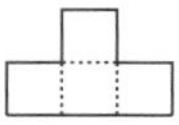か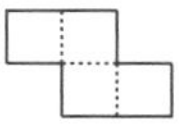を

1こ（青色にぬる）使《つか》います。

8通りできたら
合かく！
12通りできたら
名人！
14通りできたら天才！

（れい）

①

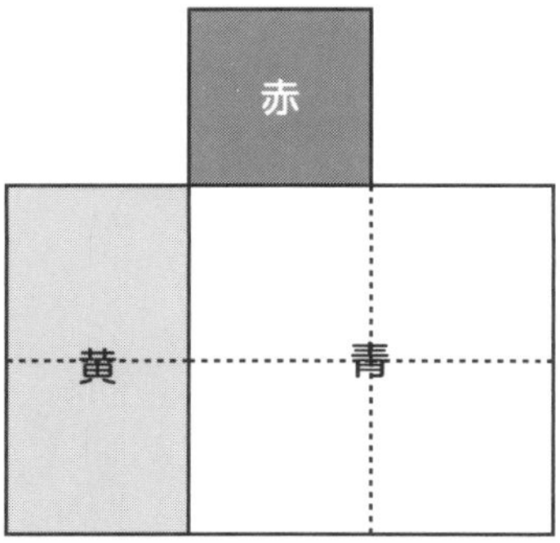
赤
黄
青

②

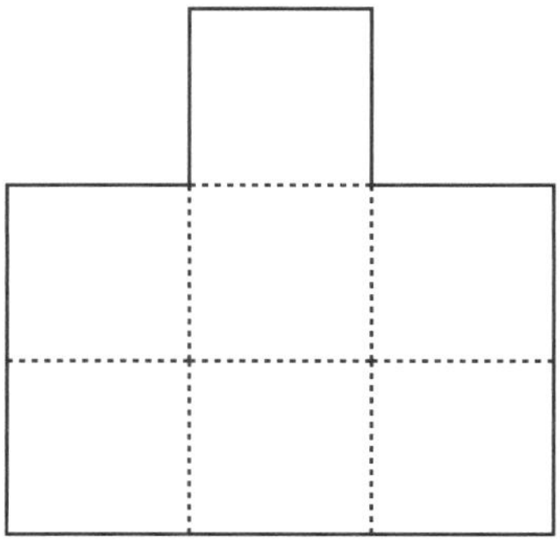

③

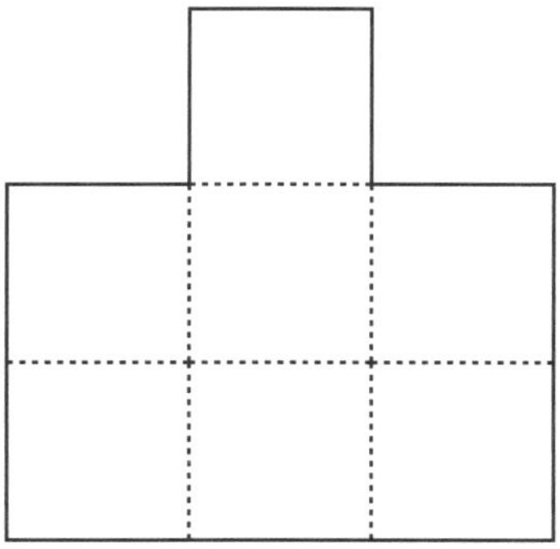

④

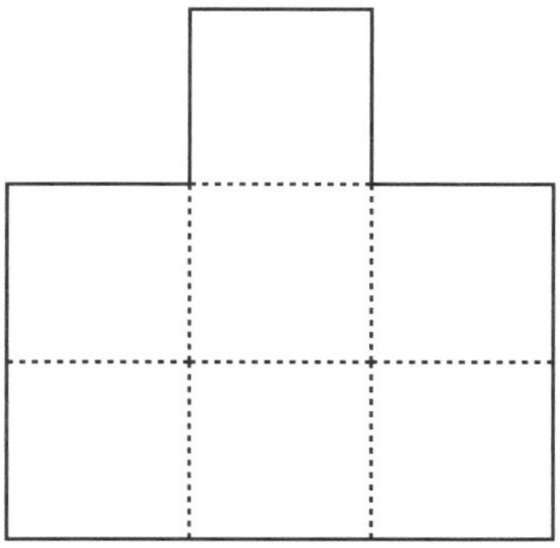

⑤

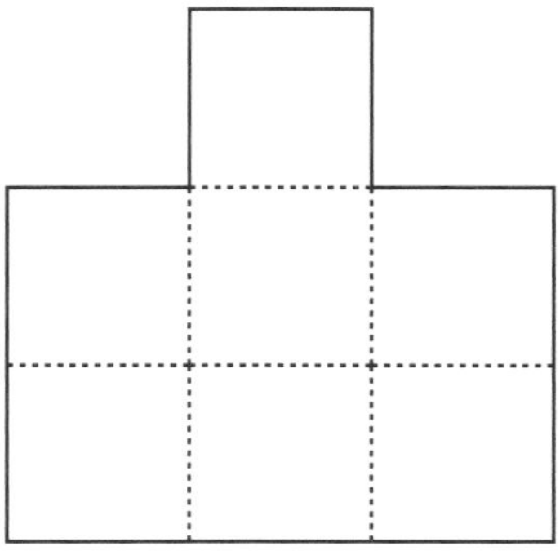

⑥

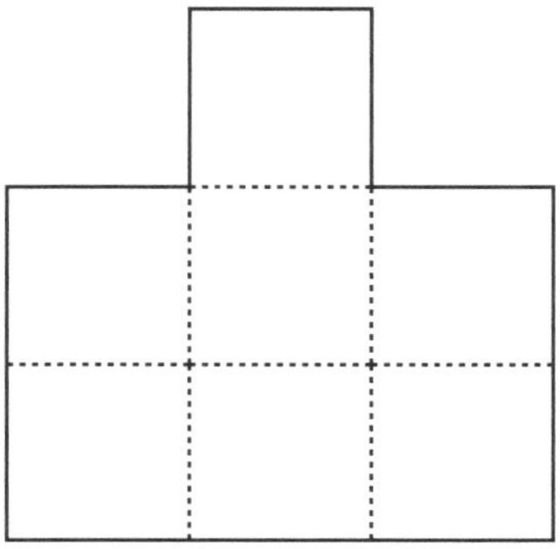

⑦

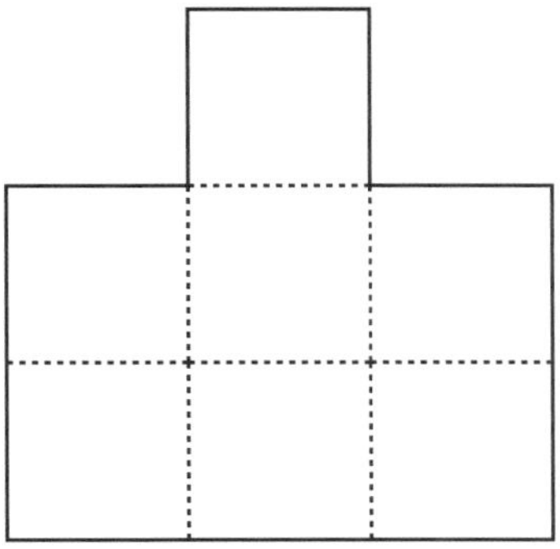

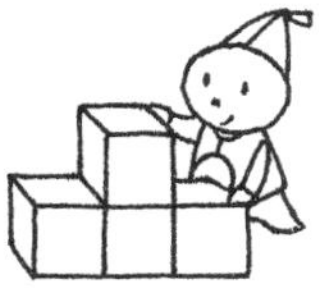

⑧

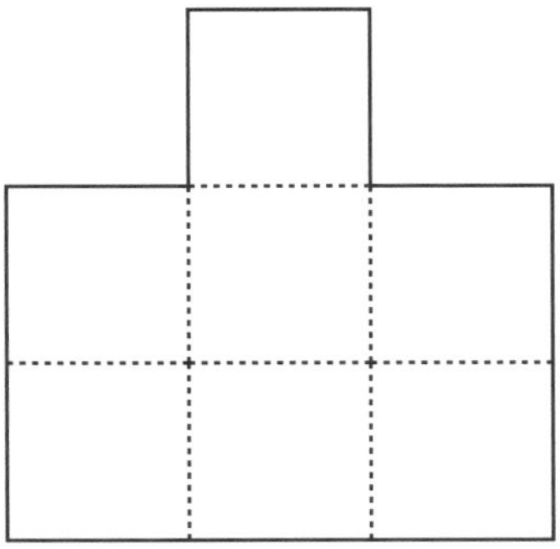

⑨

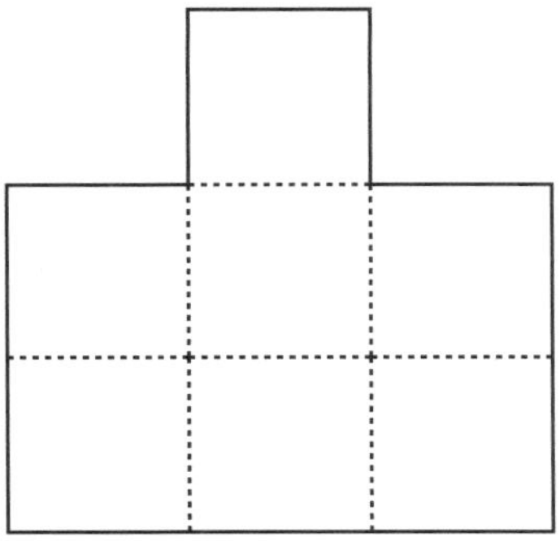

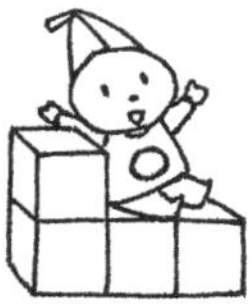

⑩

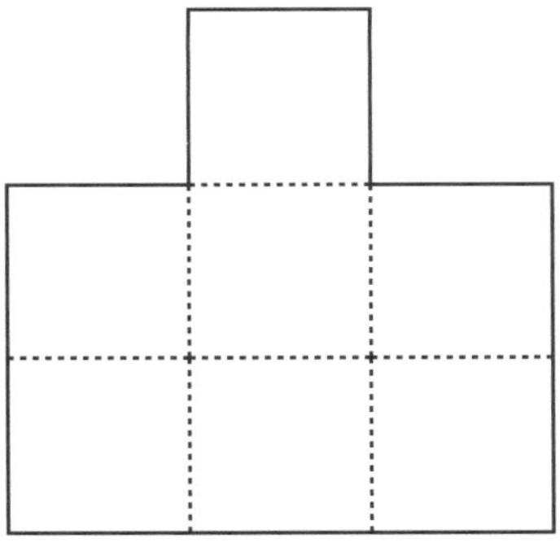

⑪

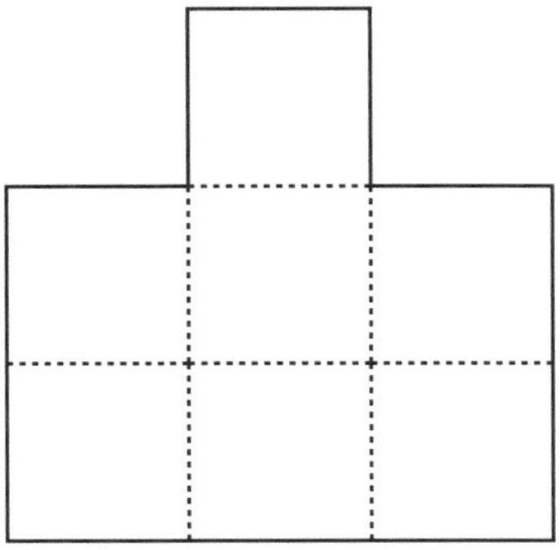

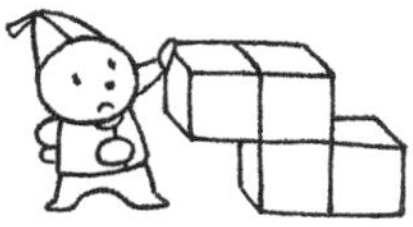

⑫

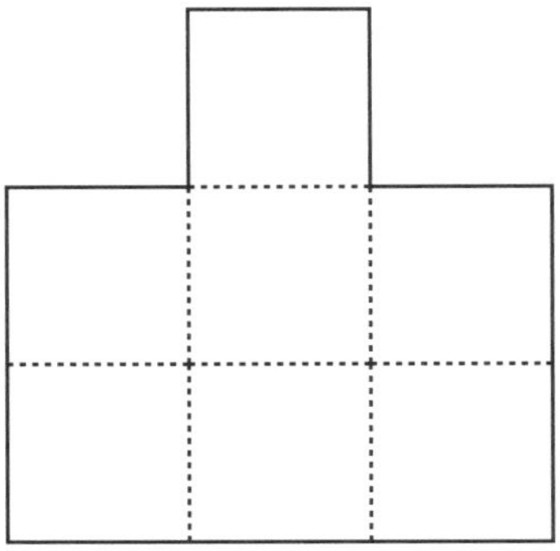

⑬

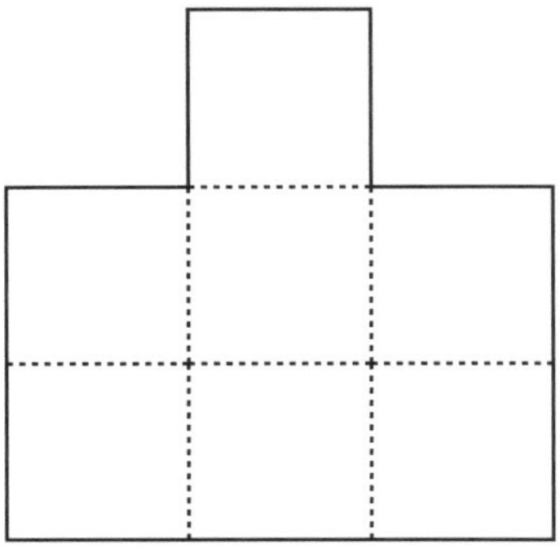

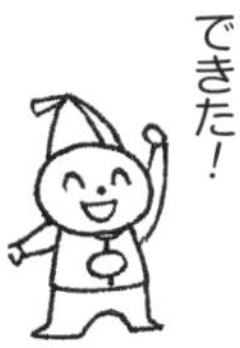

⑭

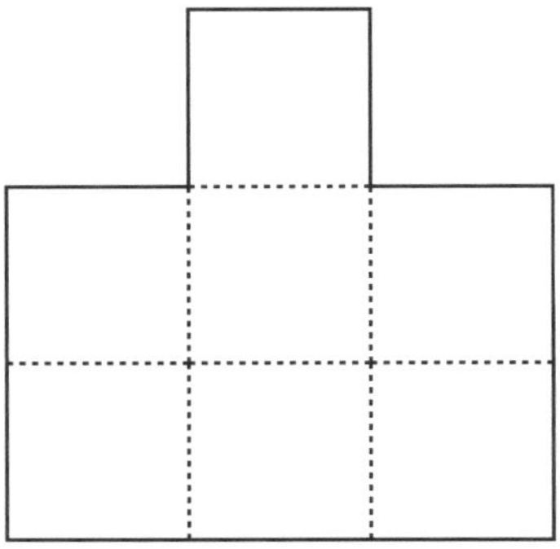

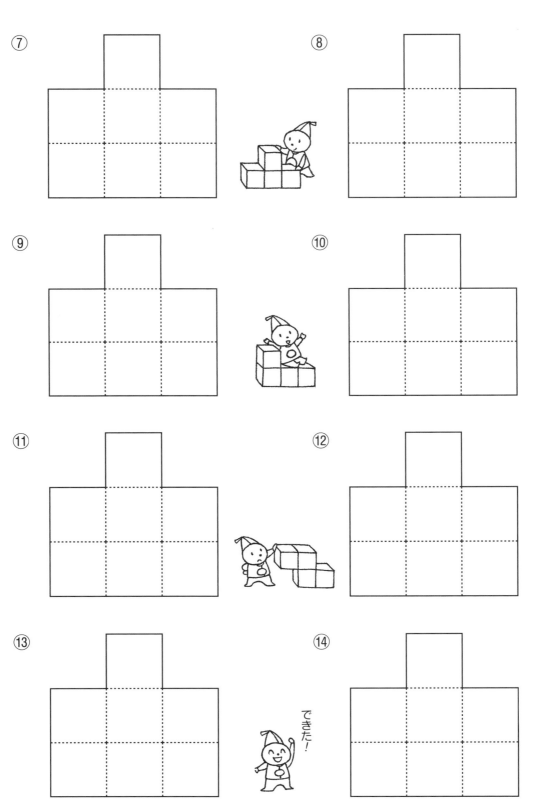

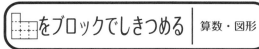

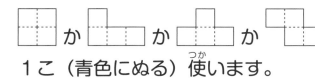

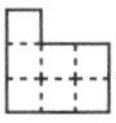をブロックでしきつめる　算数・図形

3年～
20分

名前

✿ 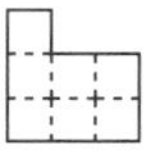 にブロックをしきつめます。

 を1こ（赤色にぬる）、

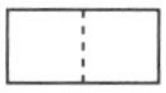 を1こ（黄色にぬる）、

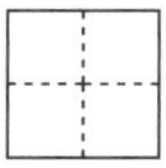 か 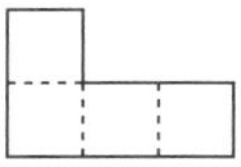 か 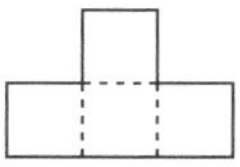 か 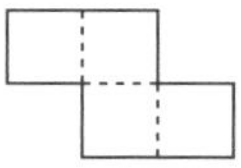 を

1こ（青色にぬる）使《つか》います。

9通りできたら
合かく！
15通りできたら
名人！
17通りできたら天才！

（れい）

①
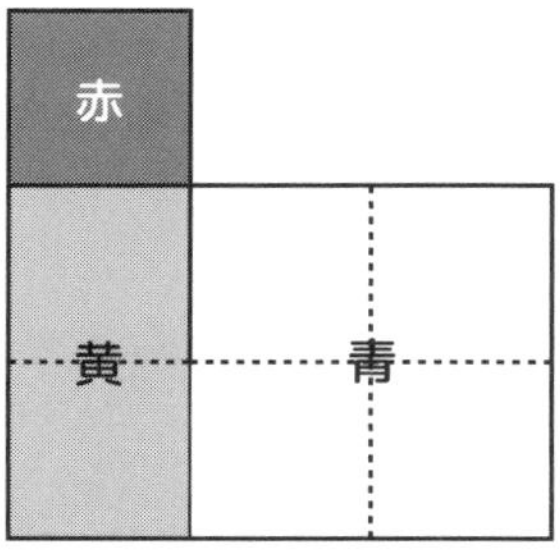
赤
黄
青

②
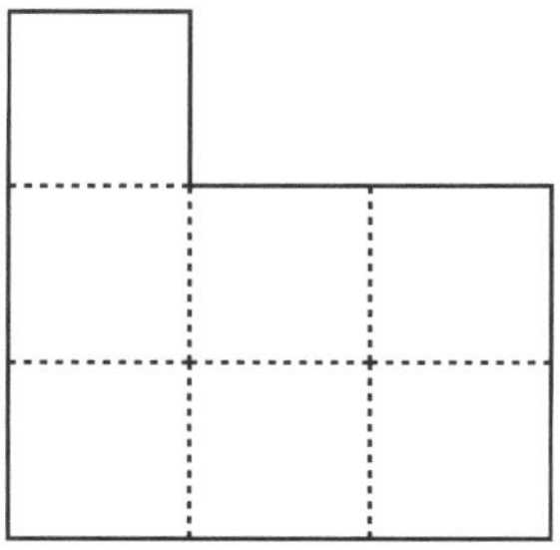

③
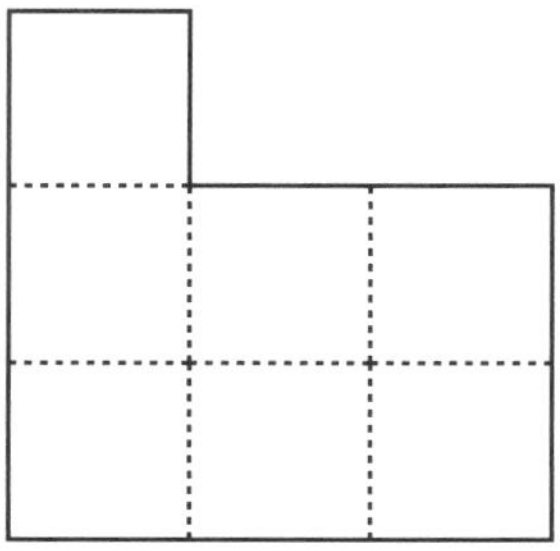

④
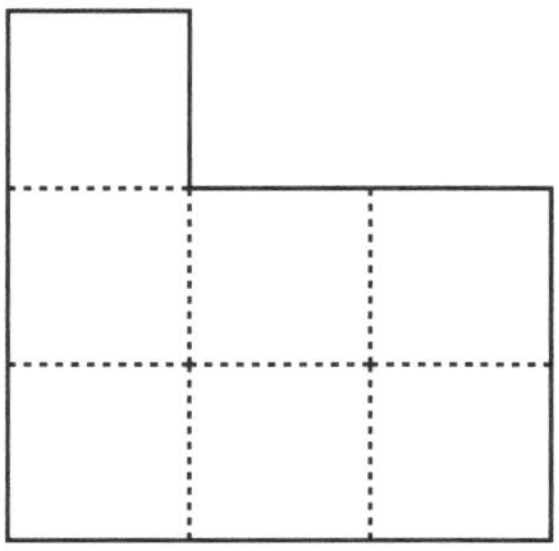

⑤
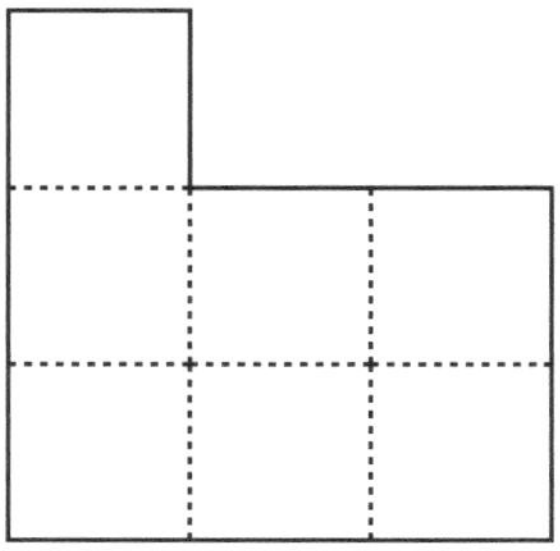

⑥
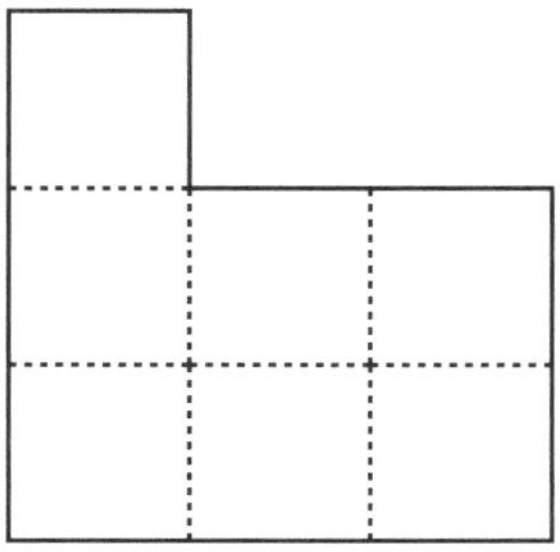

⑦

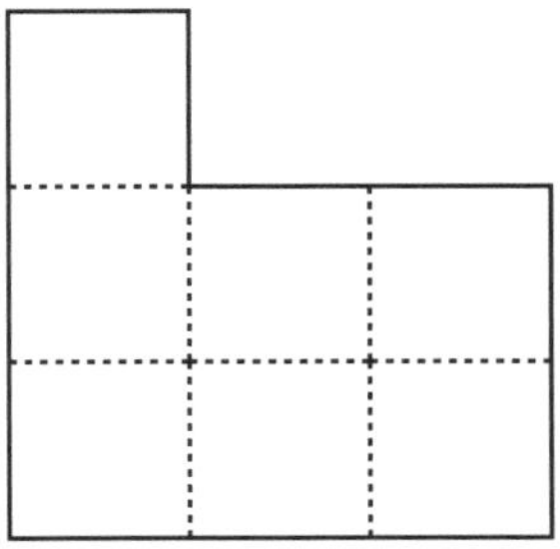

⑧

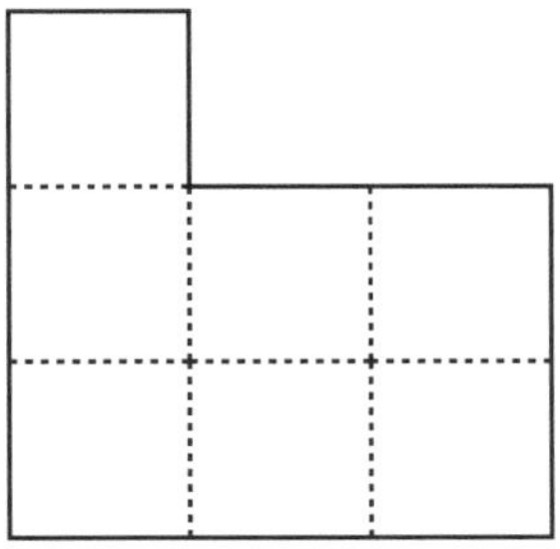

⑨

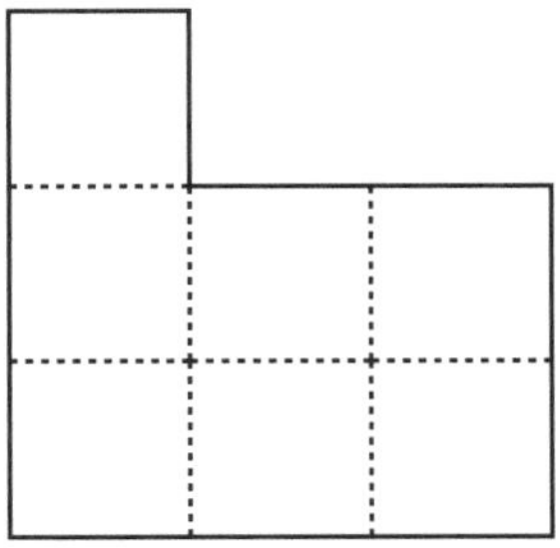

⑩

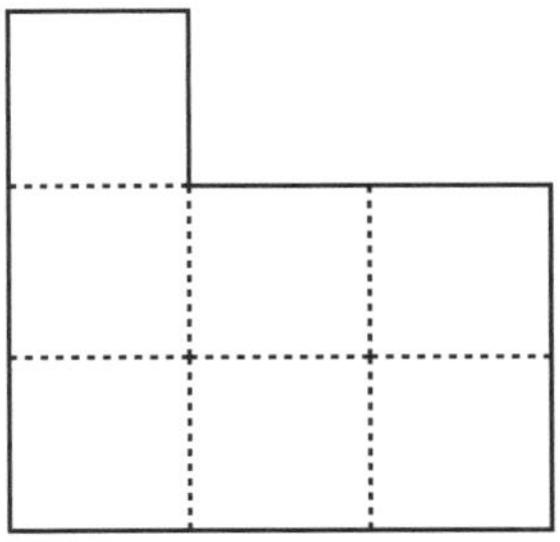

⑪

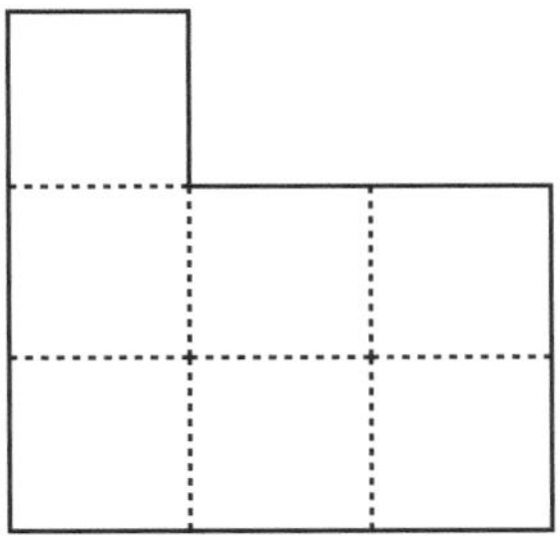

⑫

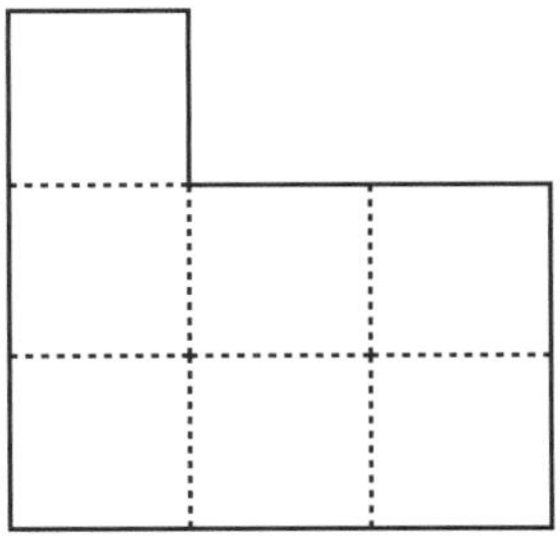

⑬

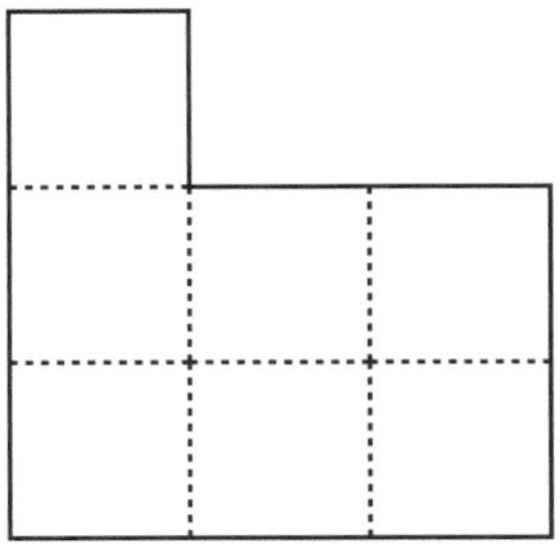

⑭

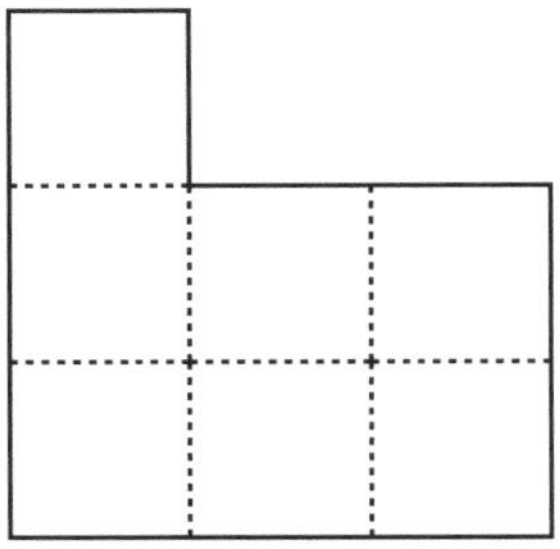

⑮

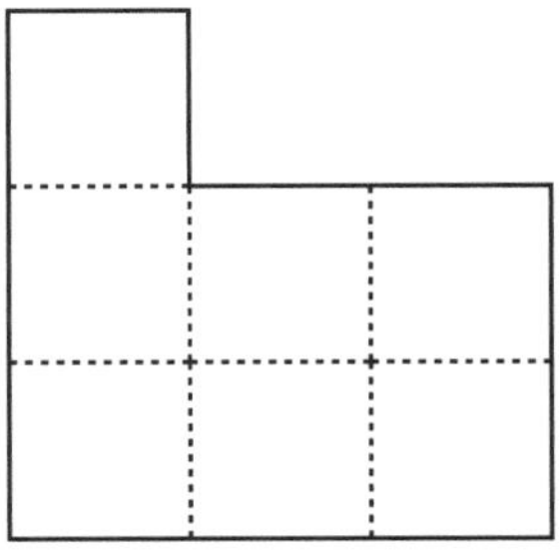

⑯

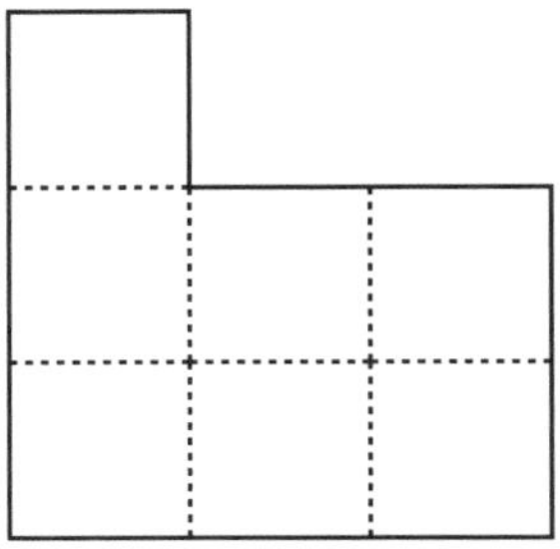

⑰

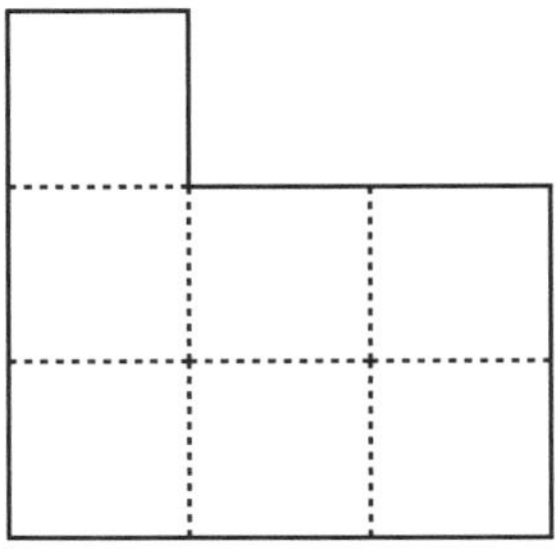

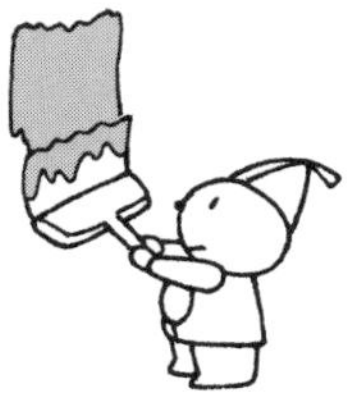

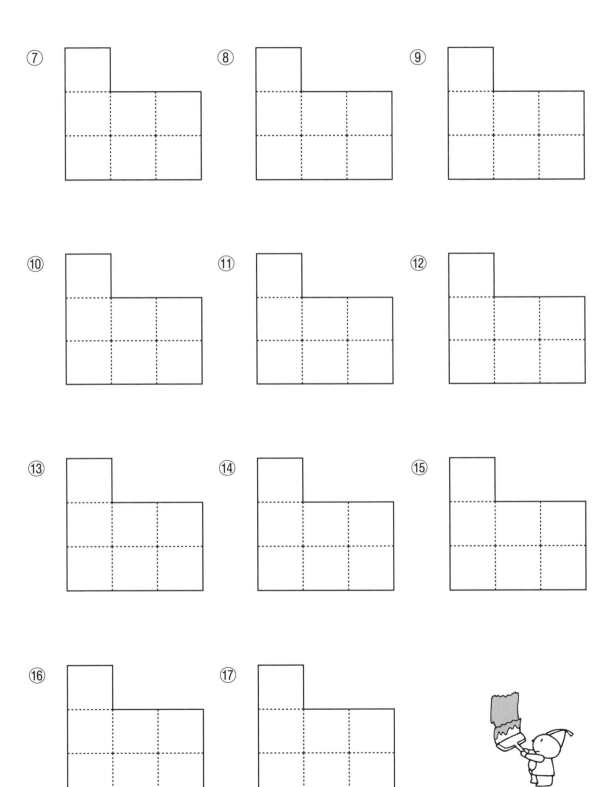

場所《ばしょ》はどこかな？

算数・その他

3年～
20分

名前

✿ これは、5階《かい》だての「動物《どうぶつ》マンション」です。

左
右
いぬ
うさぎ
ぞう
こうのとり
きりん
5
かもしか
ねこ
ゴリラ
かえる
ライオン
4
いのしし
ペンギン
あきらさん
しか
さる
3
くま
かまきり
いたち
たぬき
うみがめ
2
つる
きつね
へび
ちょう
わし
1

次《つぎ》の部屋《へや》に住《す》んでいる動物の名前を書きます。

①　あきらさんの左どなり　（　　　　　）

②　ゴリラの右どなり　（　　　　　）

③　５階の右はし　（　　　　　）

④　２階の左はし　（　　　　　）

⑤　しかの左下　（　　　　　）

⑥　うさぎの右下　（　　　　　）

⑦　さるの２階上で、
右から３番め　（　　　　　）

⑧　たぬきの３階上で、
左から２番め　（　　　　　）

⑨　ねこの２階下で、
右から２番め　（　　　　　）

⑩　さるの２階下で、
左から２番め　（　　　　　）

同じマークをむすぶ　算数・その他

3年〜
20分

名前

❀ 同じマークを線でむすびます。
線と線が交わってはいけません。

（れい）

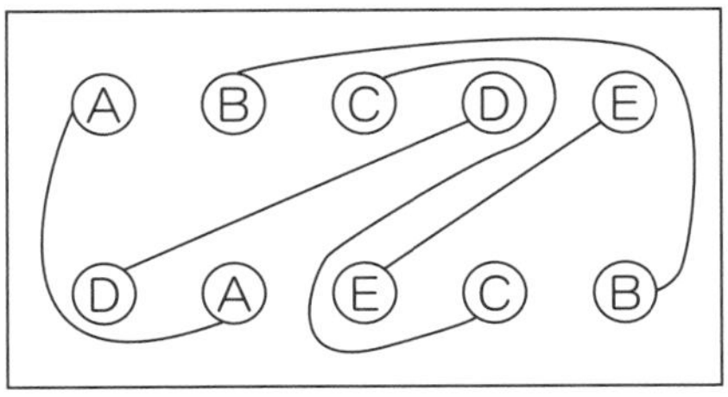

①

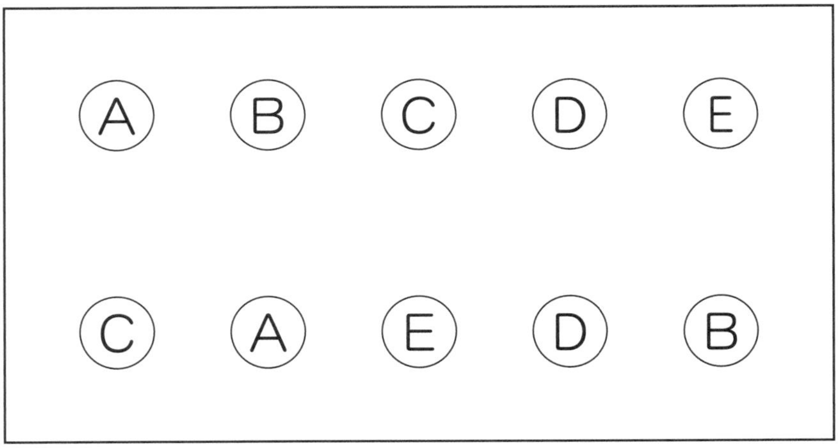

②

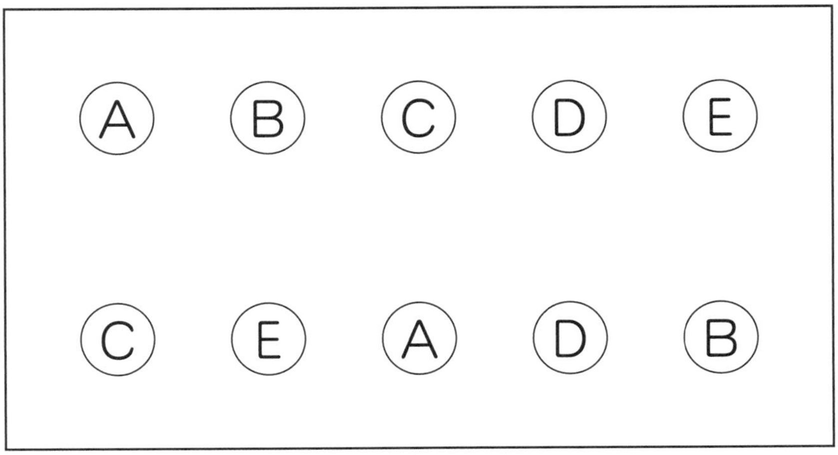

③

A　B　C　D　E

E　C　A　D　B

④

A　B　C　D　E

D　C　B　E　A

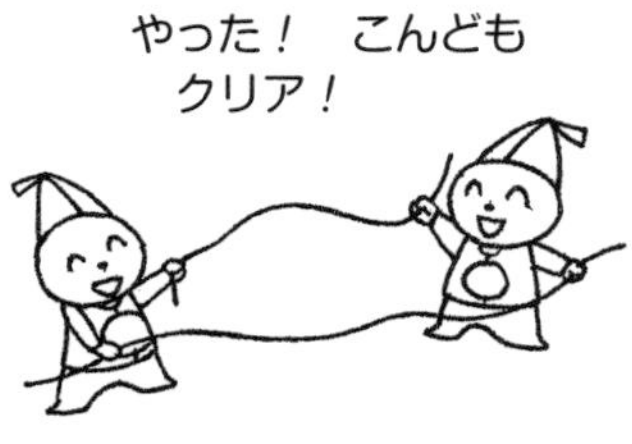

⑤

A　B　C　D　E

E　A　D　C　B

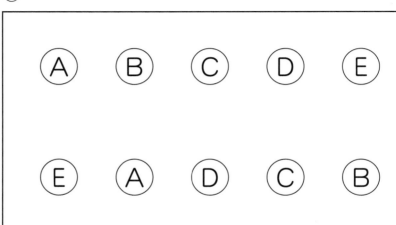

面積《せき》1の形づくり　算数・図形

4年〜　40分

名前 ＿＿＿＿＿＿＿＿＿＿

[1] 面積1の形をつくりましょう。・と・を直線で結《むす》んでつくります。8種類《しゅるい》つくれたら、パズル賞《しょう》！

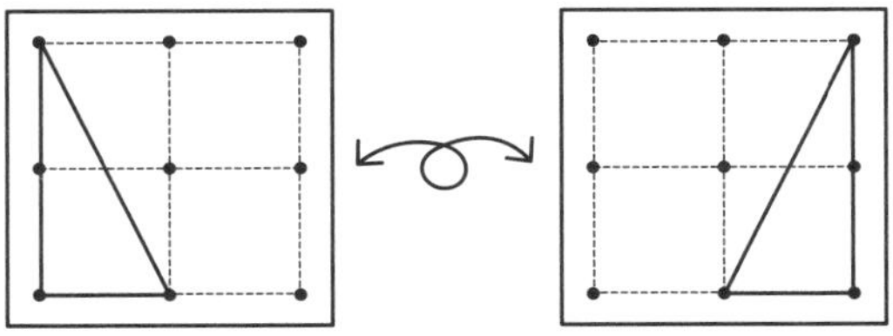

ひっくり返すと同じ形なので、1つと数えます。

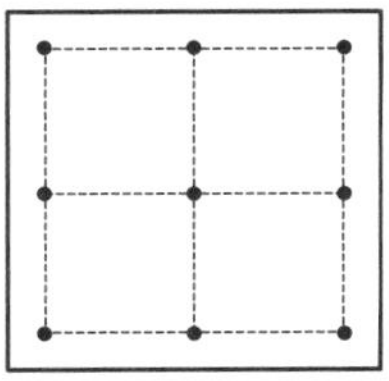

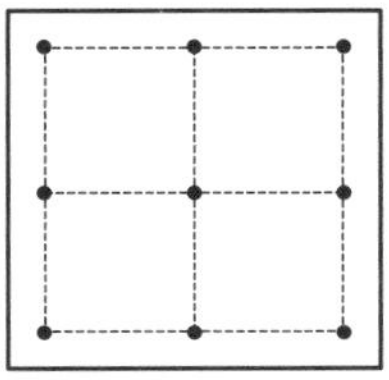

点のないところに線はひけません。

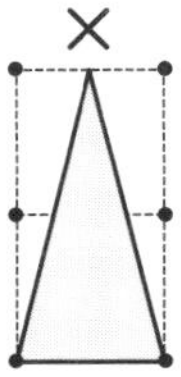
×

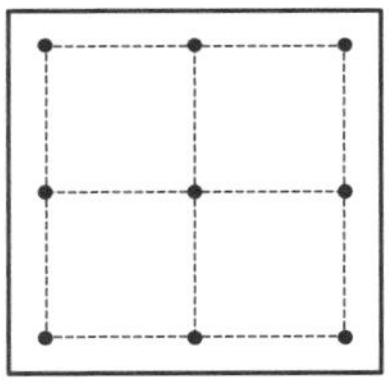

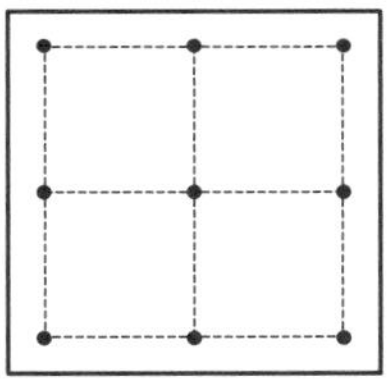

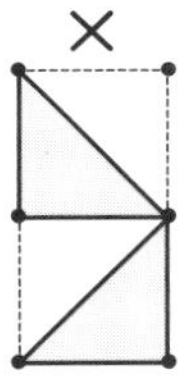
×

2つに分かれちゃダメだよ。

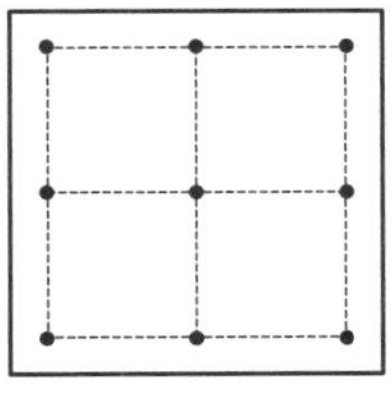

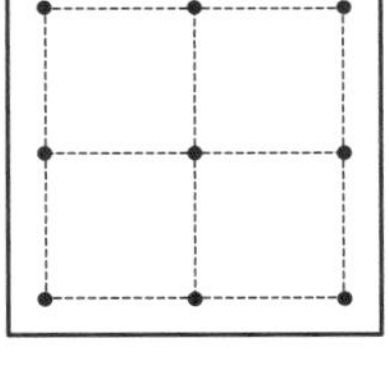

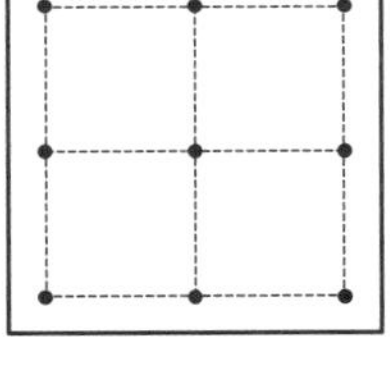

2　面積1.5の形にもチャレンジしましょう。10種類つくれたらすごい！　15種類つくれたら、パズル賞！

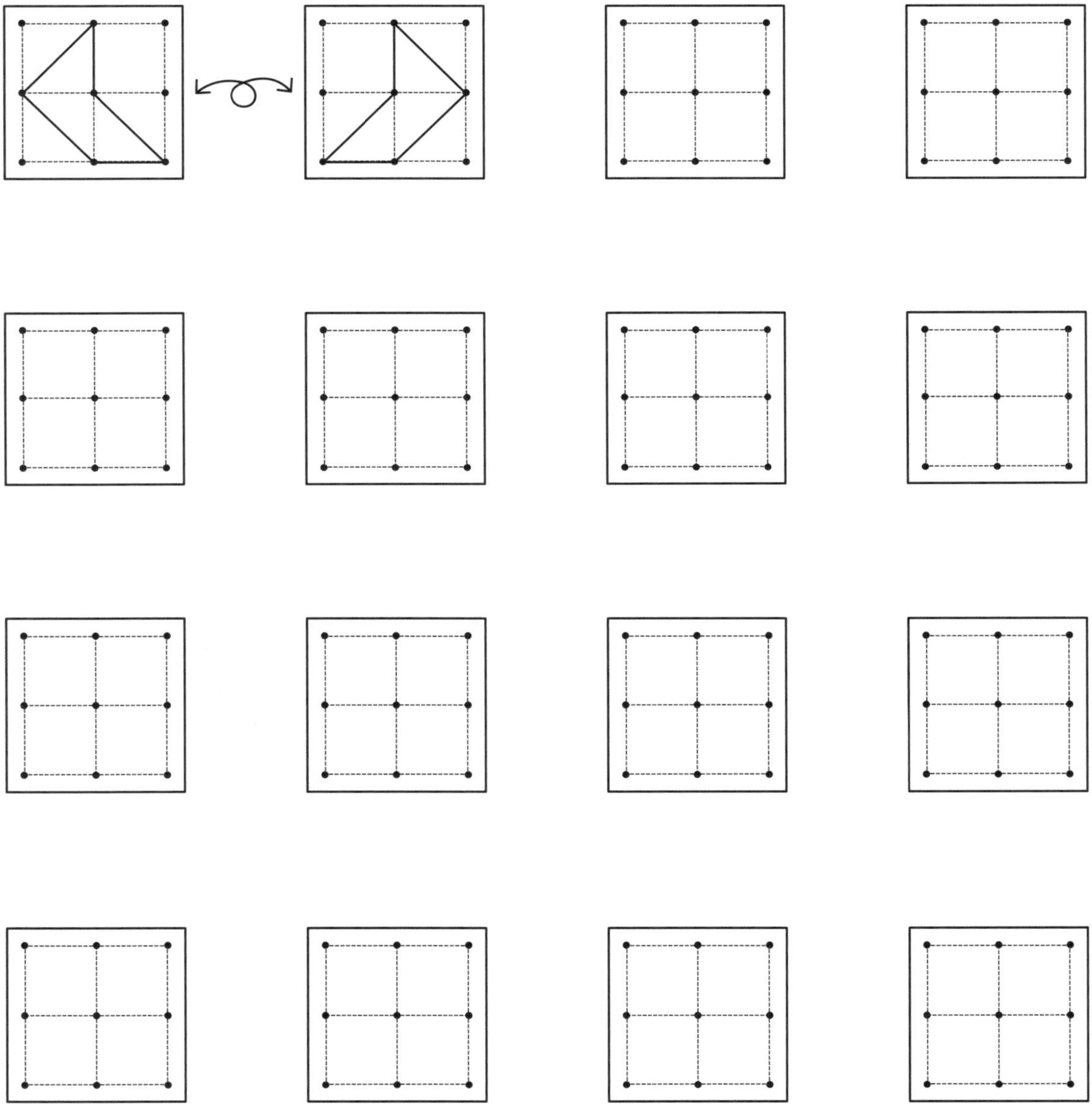

チャレンジ！

方がんのノートを使って、面積２の形にもチャレンジしてみましょう。

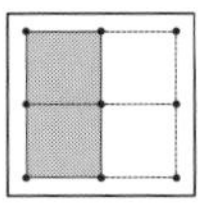

点をかこんで面積《せき》を…　算数・図形

4年～　40分

名前

1　点が1㎝かんかくで、9点あります。

(1)　•と•を直線で結《むす》んで、真ん中の ⋆ をかこみましょう。

(2)　•（点）をかこんだ形の面積を求《もと》めましょう。

動かしたりして重なる形は、1種類《しゅるい》と数えます。

(例《れい》)　　× （同じ種類）

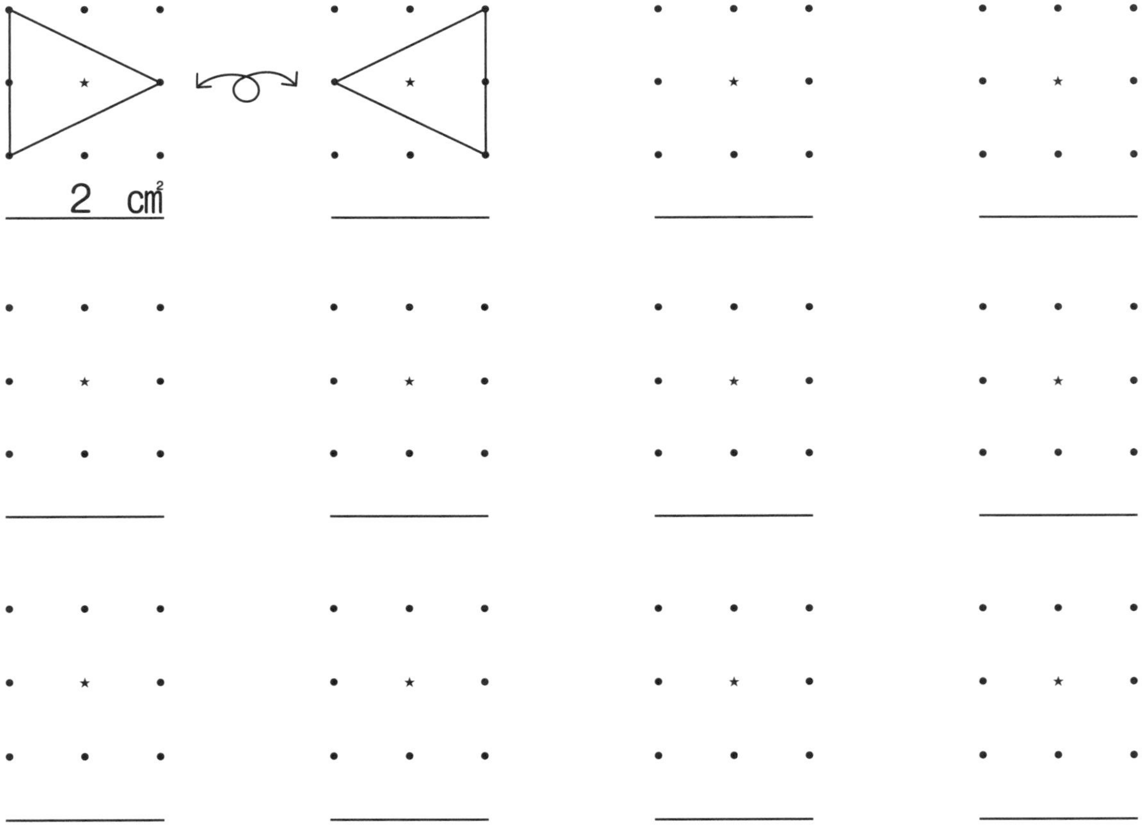

2　㎠

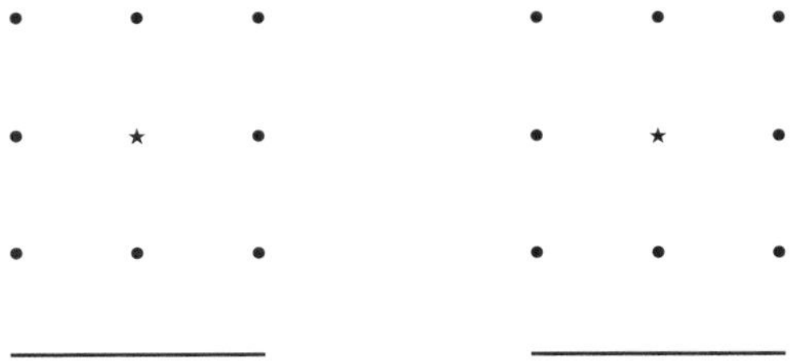

正方形（　）から
まわりをけずっていく
イメージ（　）で考
えるといいわよ。

2　点が同じかんかくで、12点あります。
・と・を直線で結んで、中の2つの ⋆ をかこみましょう。三角形か四角形でかこみます。動かして重なる形は、1種類と数えます。

1 2ともに6種類
できたらパズル賞《しょう》！

（例）

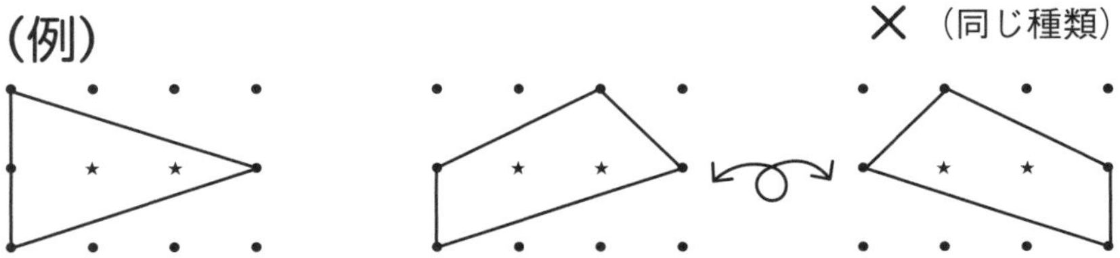
×（同じ種類）

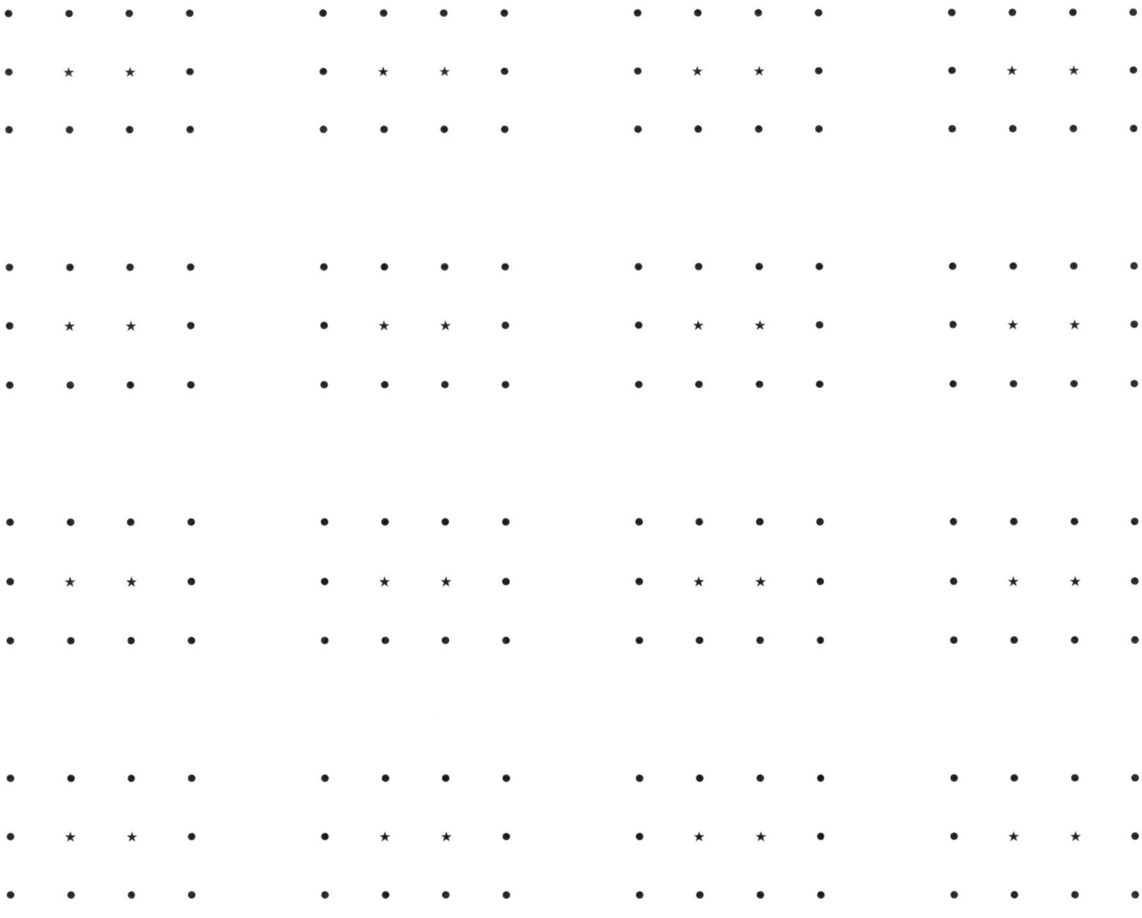

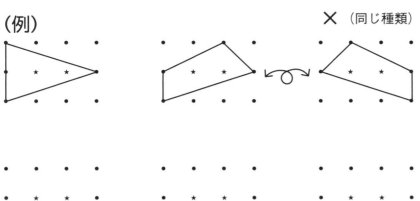

たたみをしく

算数・図形　4年～　40分

名前

❀　たたみ１まいは、正方形２つの辺《へん》どうしをあわせた形です。

たたみ２まいの長い辺どうしをあわせると、正方形。これを２じょうといいます。

1　4じょう

4まいのしき方を考えましょう。

2　5じょう

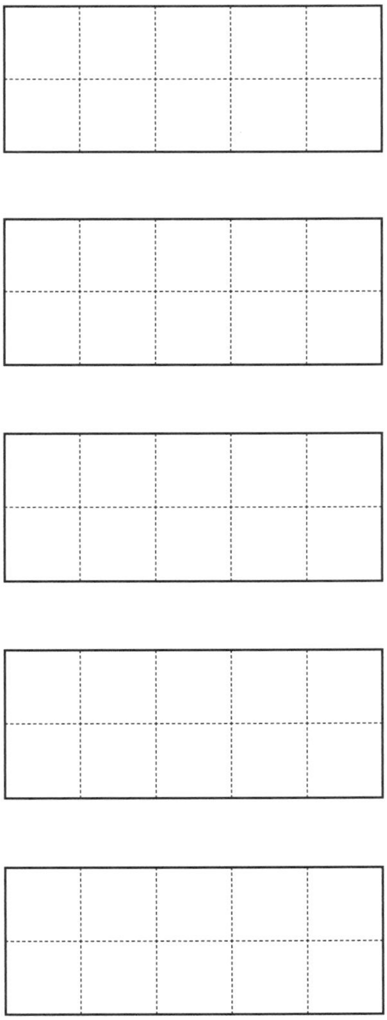

3　6じょう

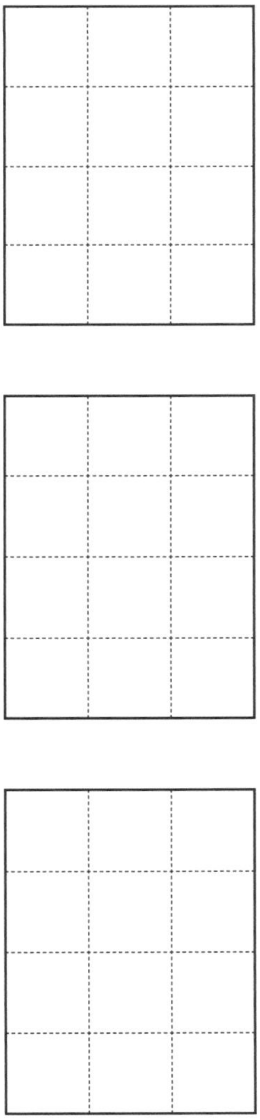

4 8じょう

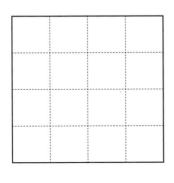

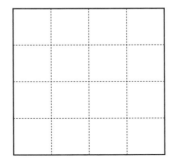

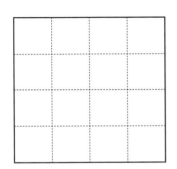

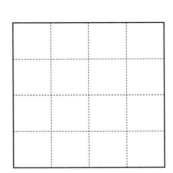

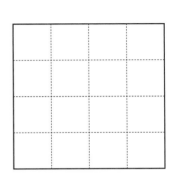

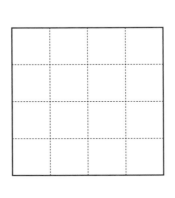

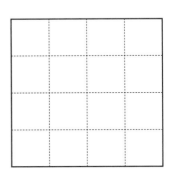

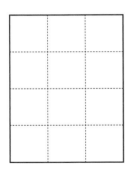

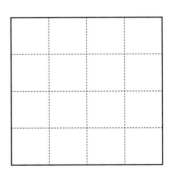

三角形をさがそう　算数・図形

4年～　40分

名前

✿ 三角形を見つけましょう。

1　下の図の中にある正三角形を見つけて、それがどこにあるかわかるようにかき表しましょう。かけたら色をぬりましょう。

正三角形の大きさは、３種《しゅ》類《るい》あるよ。小さい方から、さがしてみよう。

一番小さいのはコレだ！

１つのワクに１つずつかきます。

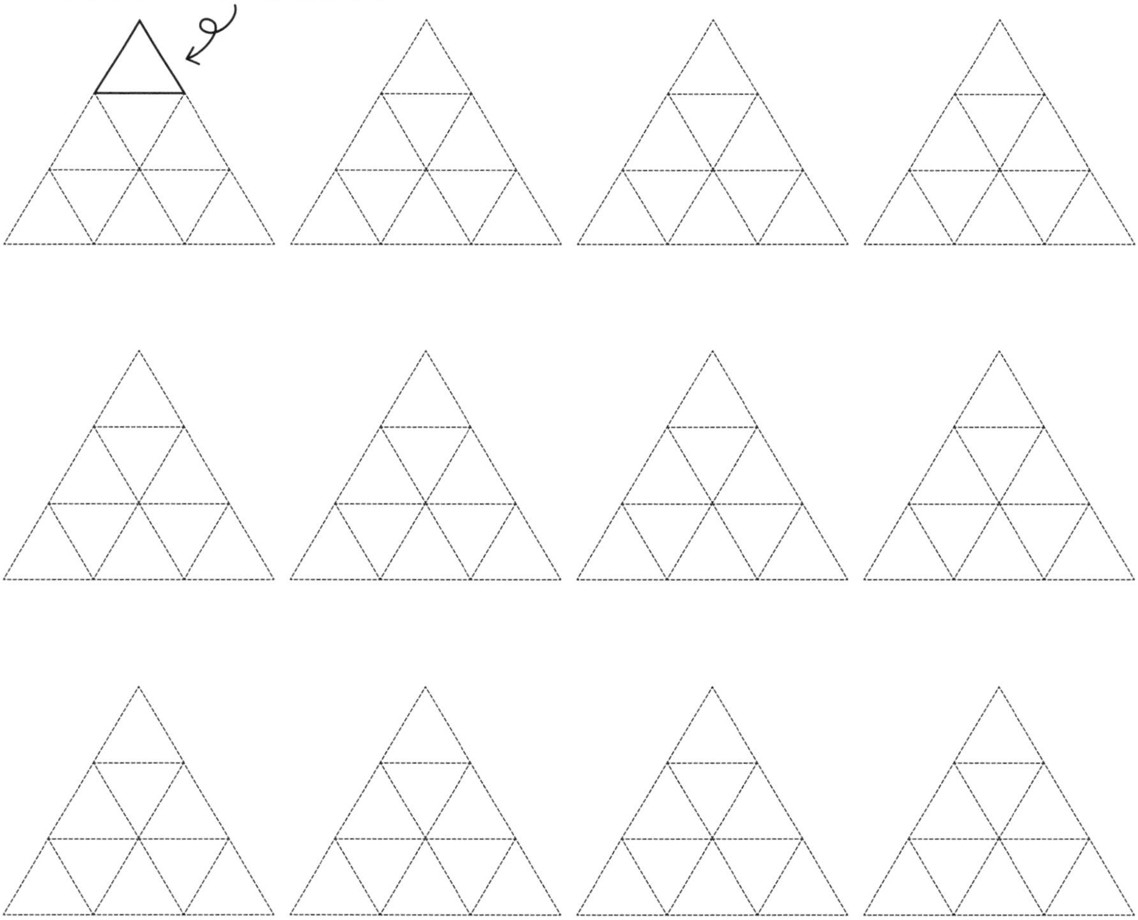

2　右の図の中にある三角形を見つけて、それがどこにあるかわかるようにかき表しましょう。かけたら色をぬりましょう。

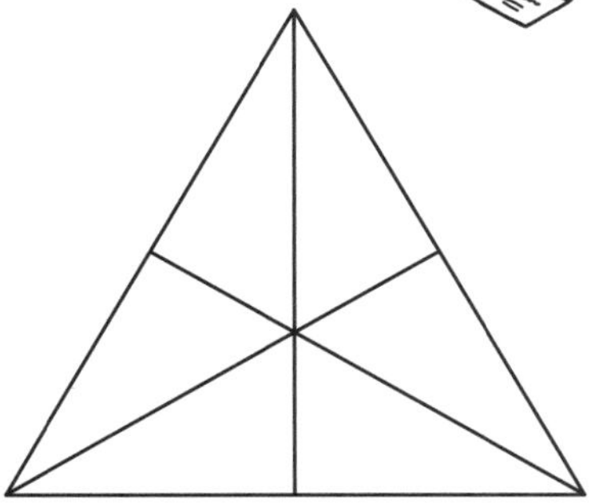

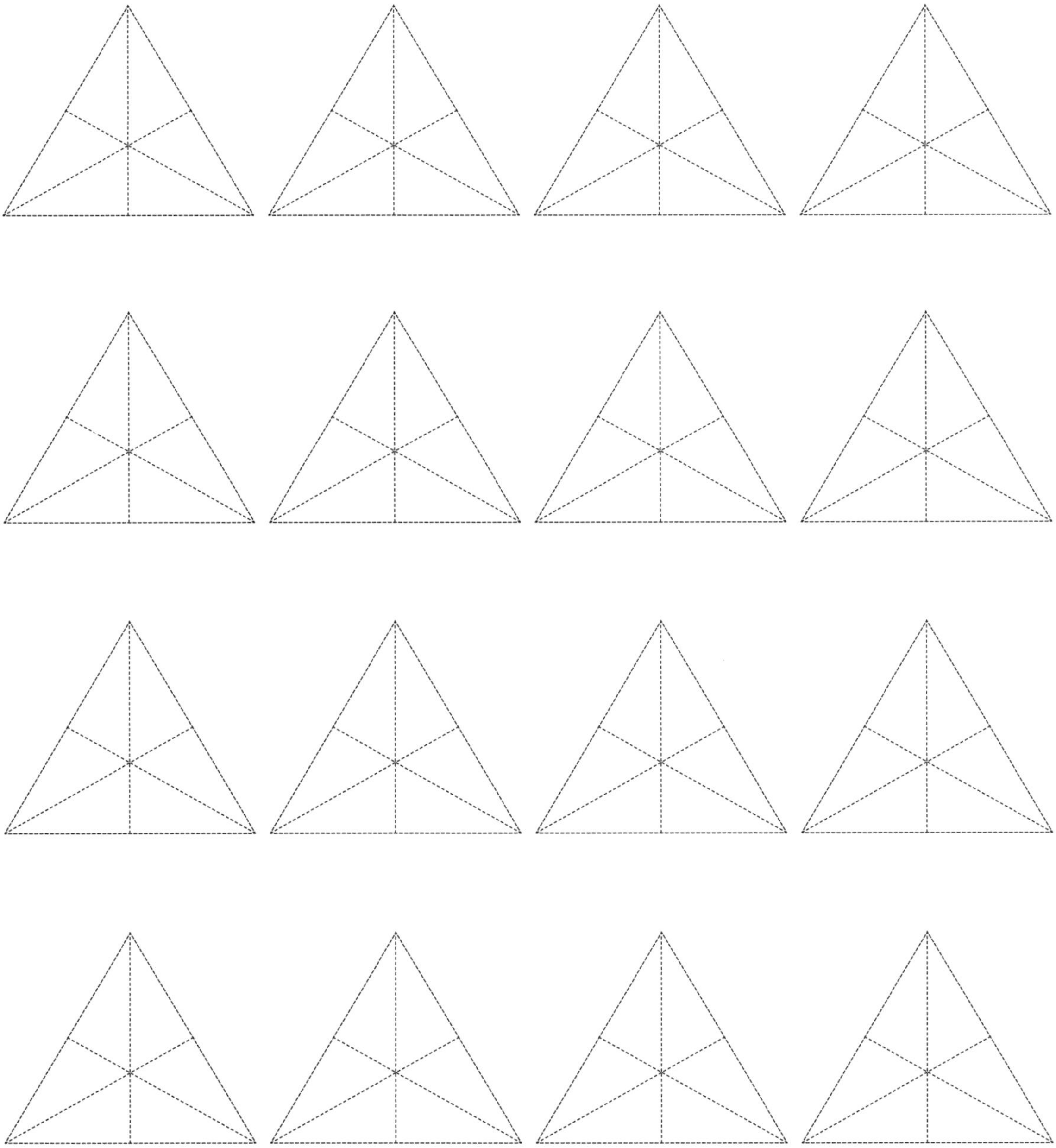

四角形をさがそう　算数・図形

4年～　40分

名前＿＿＿＿＿＿＿＿＿＿

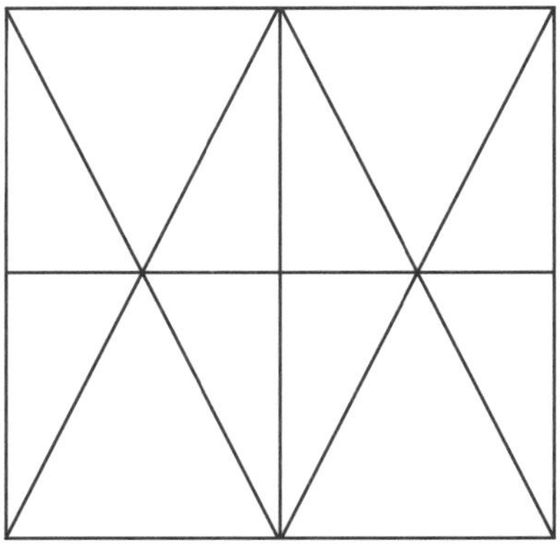

✿ 四角形を見つけましょう。

◎　右の図の中にある平行《へいこう》四《し》辺形《へんけい》、台形を見つけて、その形がどこにあるかを、わかるようにかき表しましょう。

　下の《正方形の場合》のようにかき表します。早くできたときは、形に色をぬりましょう。

《正方形の場合》

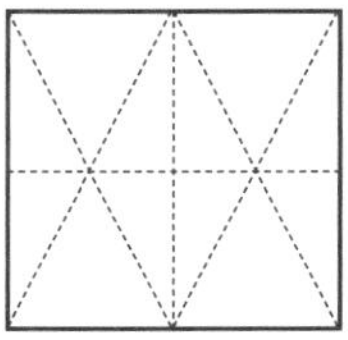

この図の中にある正方形は、次のようにかき表します。

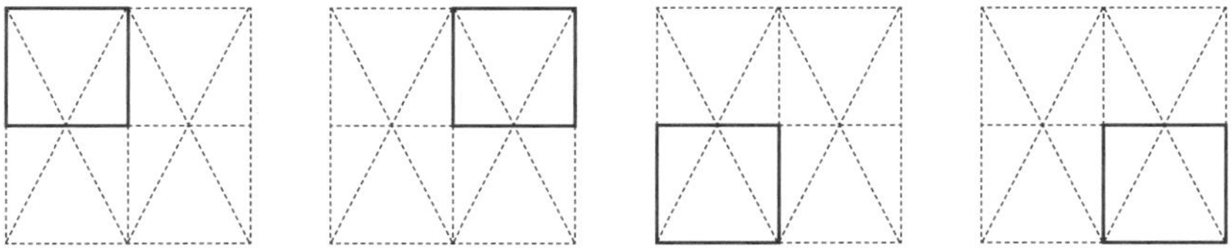

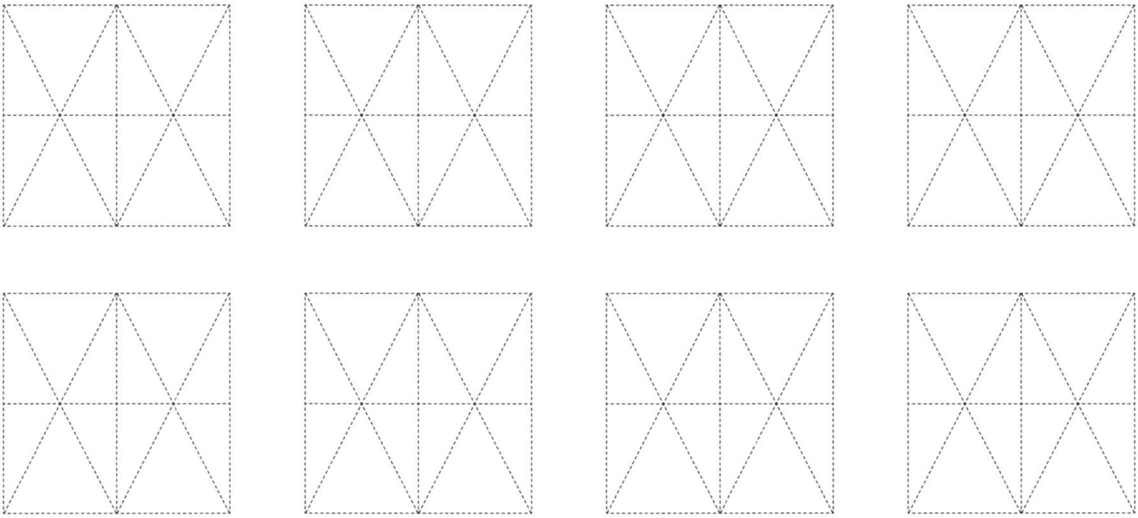

数字をならべると

算数・計算

4年～
40分

名前

✿ それぞれの辺《へん》の数の和が同じになるようにしましょう。◯の中に書く数字は、１、２、３、４、５、６です。

1 辺の数の和は、９です。

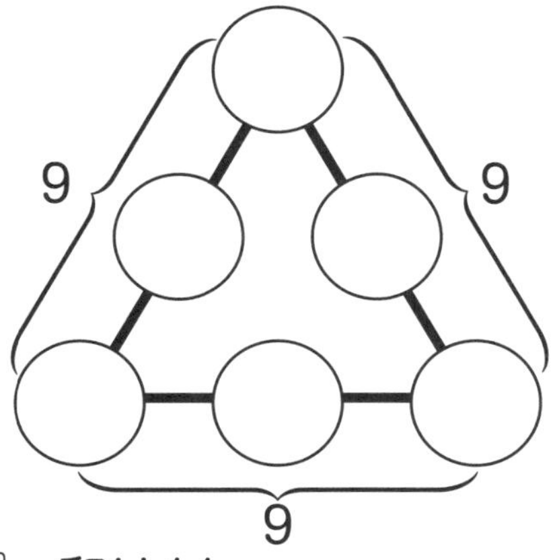
9
9
9

2 和は10

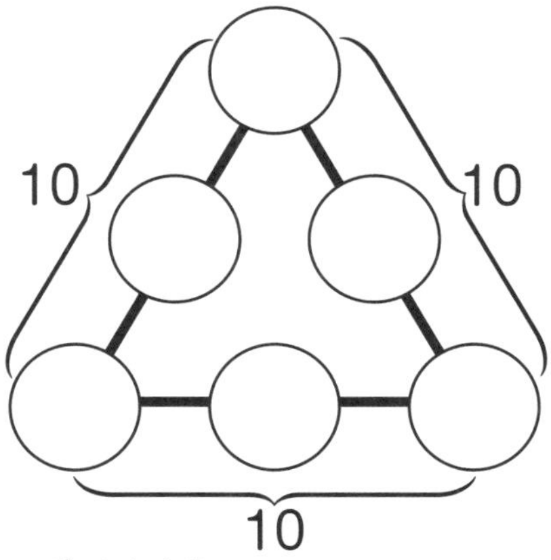
10
10
10

3 和は11

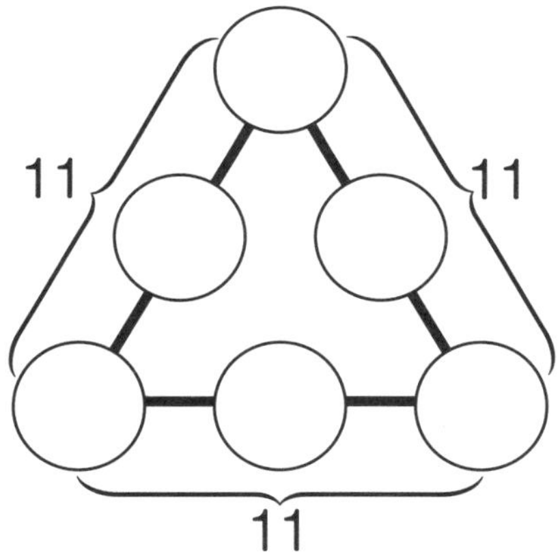
11
11
11

4 和は12

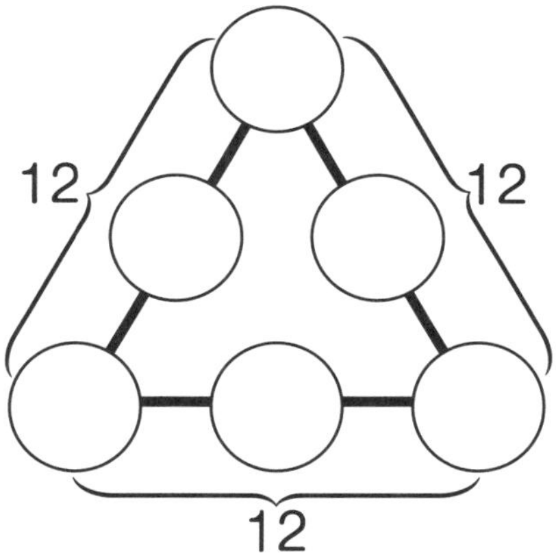
12
12
12

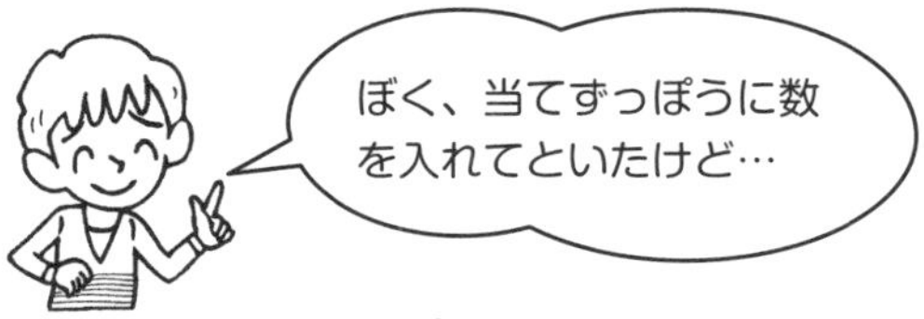
ぼく、当てずっぽうに数を入れてといたけど…

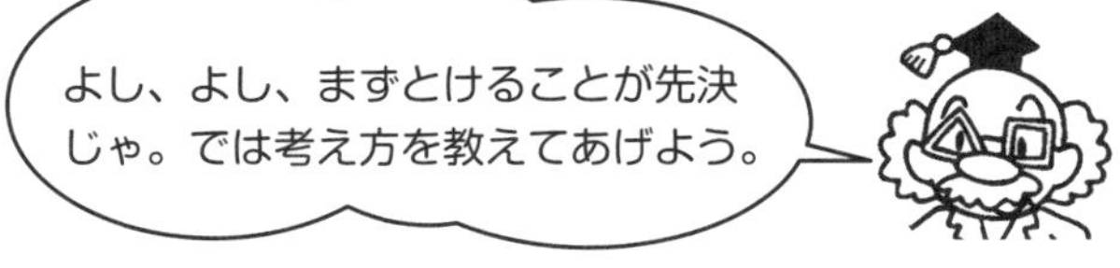
よし、よし、まずとけることが先決じゃ。では考え方を教えてあげよう。

1の場合

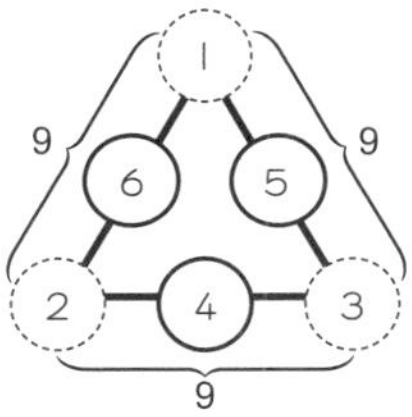
1
6
5
2
4
3
9
9
9

１＋２＋３＋４＋５＋６＝21 ……①

９×３＝27 ……②

１から６まで入れる数を全部たしても21なのに、1のように数を入れて、辺どうしたすと、９＋９＋９＝27 になる。これは◯を２回ずつたしているからだ。だから◯には 27－21＝６ で、◯を３つたして６になる数字が入る。

３つの角の数字が決まればあとはできる！

チャレンジ！ 1 和は17

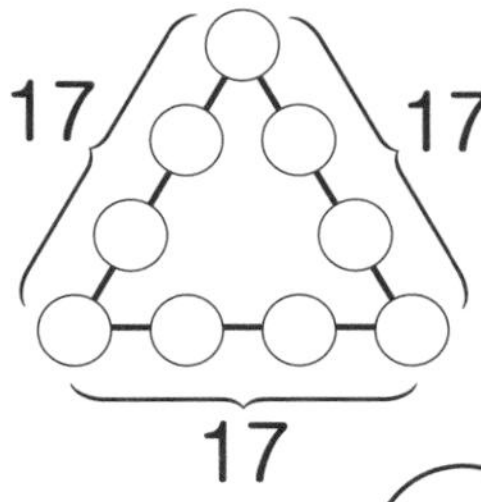
17
17
17

入る数字は
1～9だよ。

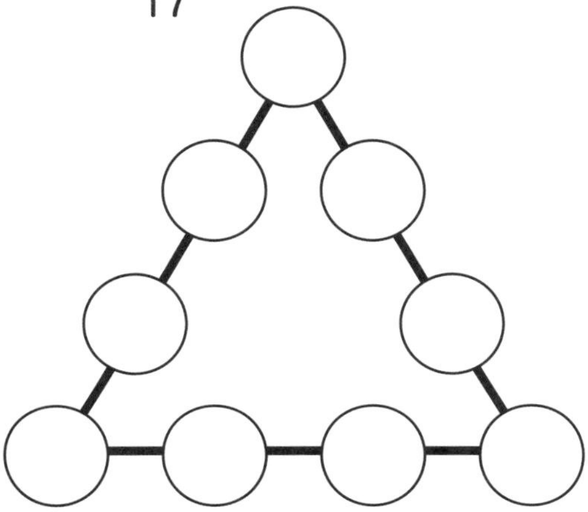

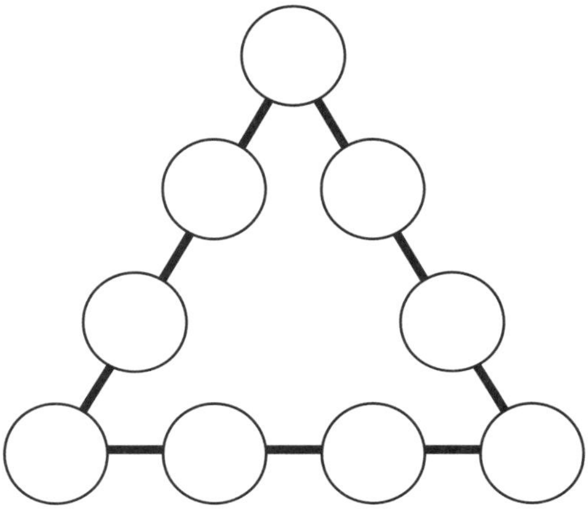

チャレンジ！ 2 和は19

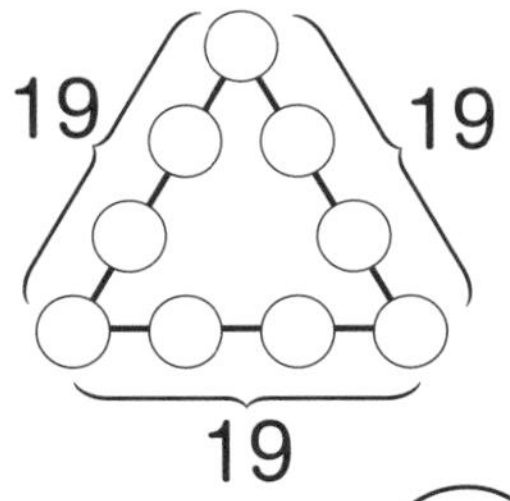
19
19
19

早く終わったら、
まだ答えがないか、
考えてみよう。

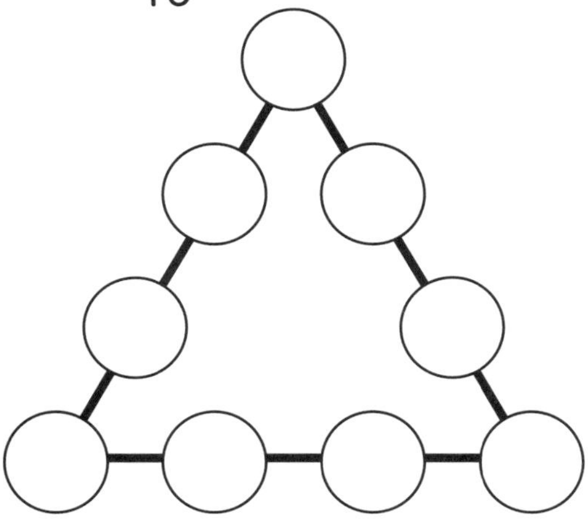

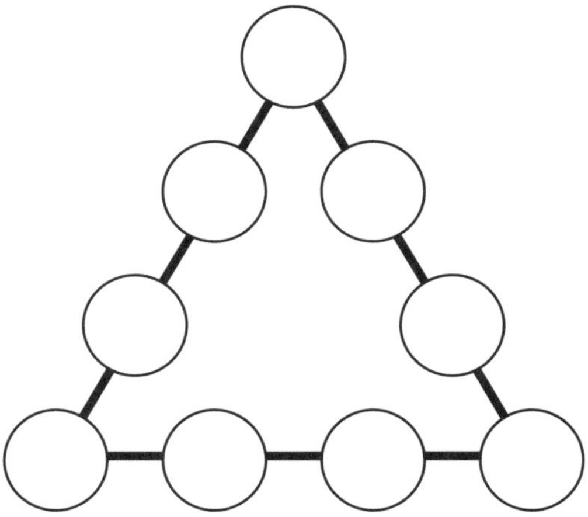

虫くいひき算だが…　算数・計算

4年～　40分

名前

✿　となり合う２つの数をくらべて、大きい方から小さい方をひきます。その答えを下のマスに書きます。

　６マスうまったら、上から下へけん算《ざん》してみましょう。

(例《れい》)

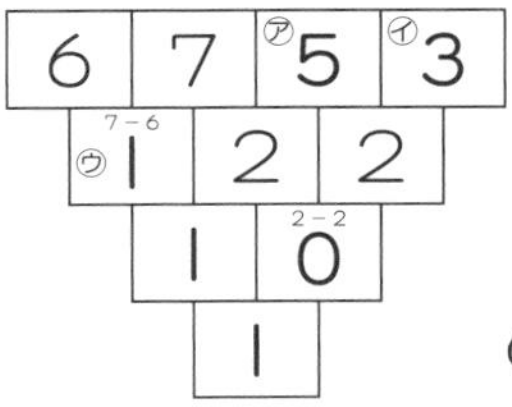

㋐７－□＝２
㋑５－□＝２
㋒７－６＝１

①

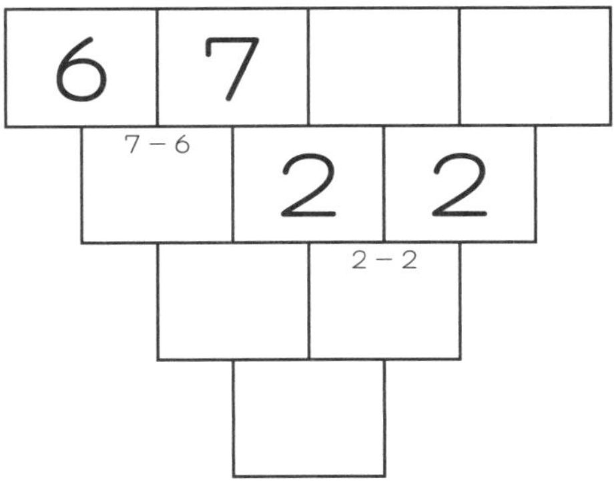

②

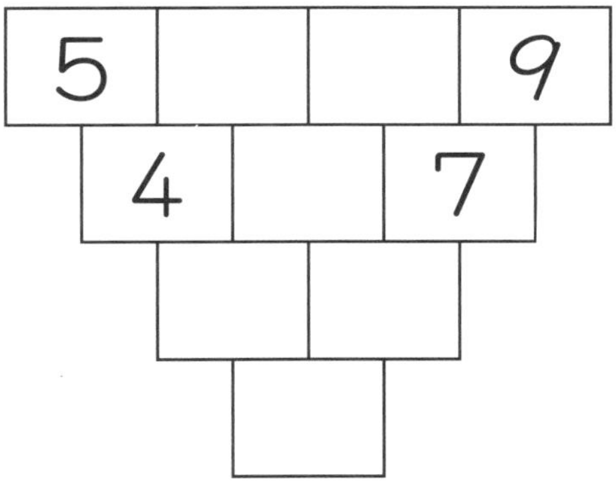

③

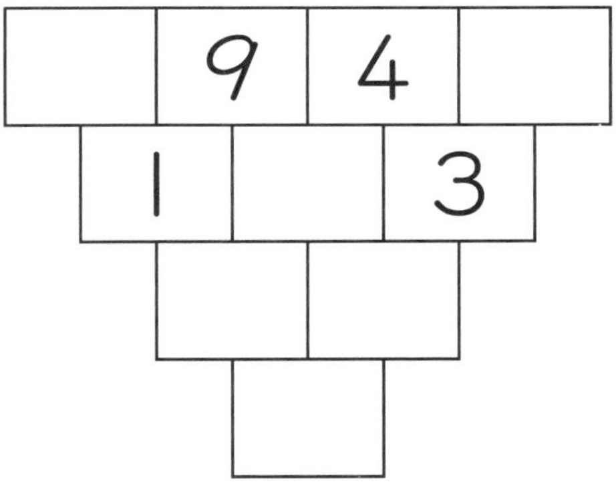

④

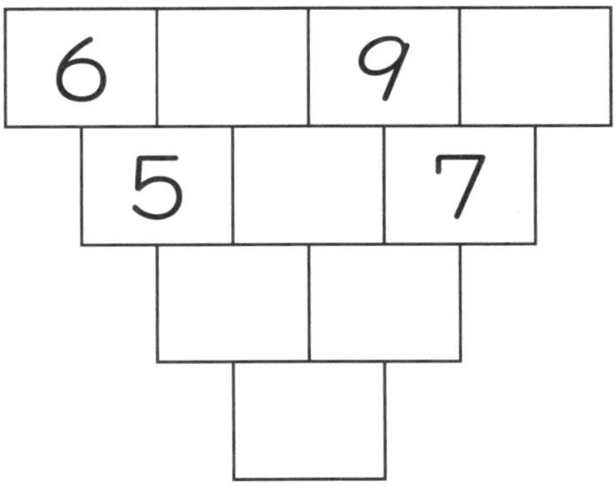

⑤

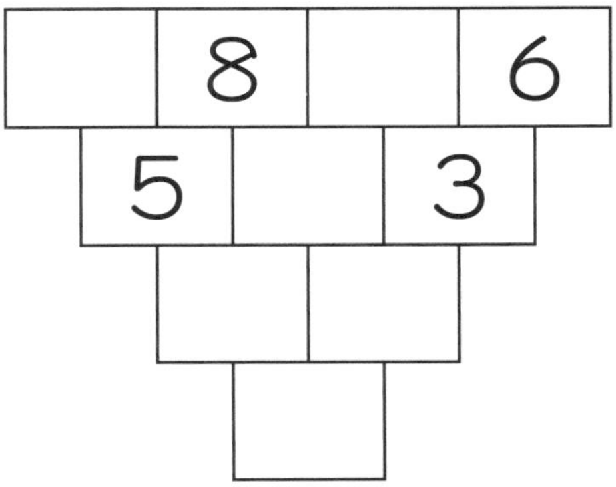

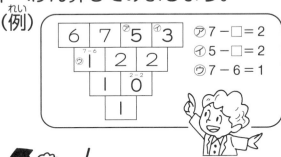

①〜⑩は、答えがそれぞれ４通りずつあります。
⑪は、答えが16通りあります。

⑥

13		10	
9		3	

⑦

	7		10
5		10	

⑧

6	12		
	4	5	

⑨

		11	5
7	4		

⑩

8			5
4		2	

⑪

	9	14	
4	2		

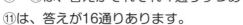

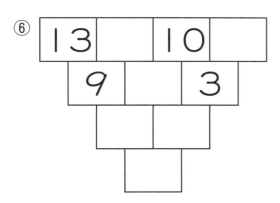

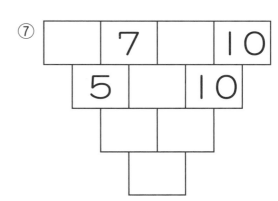

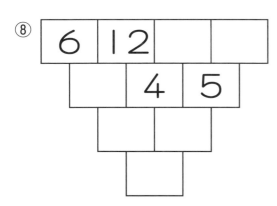

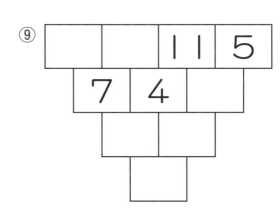

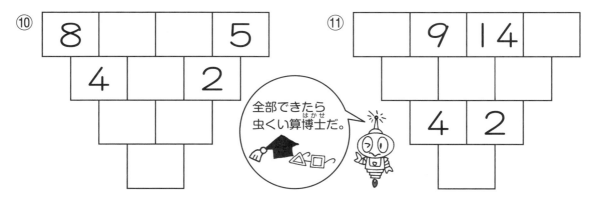

虫くいかけ算 ①　算数・計算

4年〜　40分

名前 ＿＿＿＿＿＿＿＿＿＿

❀ □に、あてはまる数を書きましょう。

(例《れい》)①

	4 ㋐
×	2
	8 6

2 ×㋐＝ 6 だから、㋐＝ 3 になります。

(例)②

	2 ㋑
×	㋐
	6 9

①㋐× 2 ＝ 6 だから、㋐＝ 3。
② 3 ×㋑＝ 9 だから、㋑＝ 3。

ギョ！
虫くいだらけじゃないですか！
エッ？
オレ？
だいじょうぶじゃ。上のとき方をよく見て、落ち着いてやりなさい。

①

	□ 4
×	2
	4 8

②

	3 1
×	□
	9 3

③

	□ 1
×	4
	8 4

④

	3 □
×	2
	6 8

⑤

	3 □
×	□
	6 4

⑥

	1 □
×	□
	3 9

⑦

	□ 2
×	□
	4 8

⑧

	□ 3
×	□
	6 9

⑨

	□ 5
×	3
	7 5

⑩

	1 □
×	4
	7 6

⑪

	1 8
×	□
	9 0

⑫

	1 □
×	□
	7 5

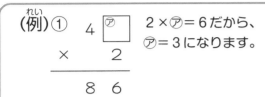

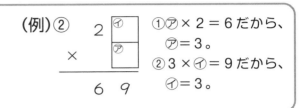

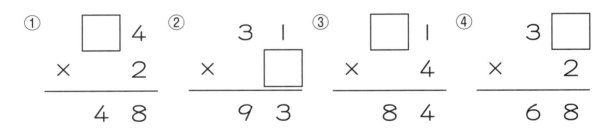

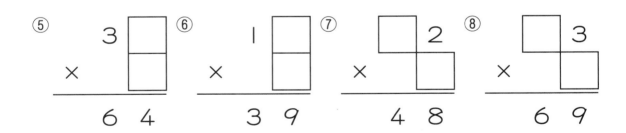

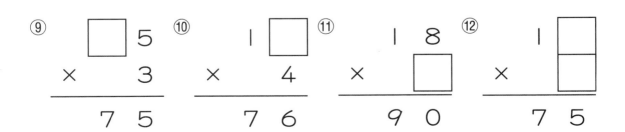

⑬

　2□
×　□
――――
　8 1

⑭

　□3
×　□
――――
　9 1

ここから少しむずかしくなるゾ。だがやり方はいっしょじゃ。落ち着いてな。

⑮

　□6
×　4
――――
3 0 4

⑯

　6□
×　6
――――
4 0 8

⑰

　1 4
×　□
――――
1 2 6

⑱

　□2
×　□
――――
3 3 6

⑲

　□4
×　□
――――
3 7 8

⑳

　□3
×　□
――――
4 3 8

㉑

　□6
×　□
――――
□ 0 2

㉒

　□9
×　□
――――
□ 2 1

㉓

　□7
×　□
――――
□ 2 9

㉔

　□9
×　□
――――
□ 1 7

㉕

□3 2
×　　□
――――
5 2 8

㉖

1 4□
×　　6
――――
□ 8 8

㉗

2□6
×　　□
――――
□ 5 8

虫くいかけ算 ② | 算数・計算

4年〜
40分

名前 ＿＿＿＿＿＿＿＿

✿ それぞれの□にあてはまる数を書きましょう。

《虫くいかけ算のとき方》

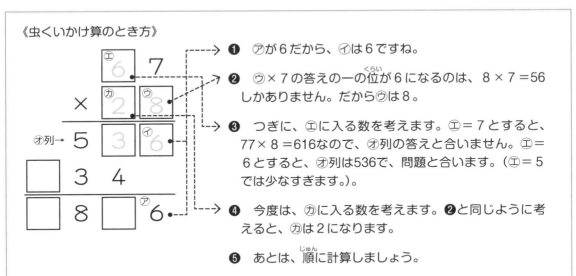

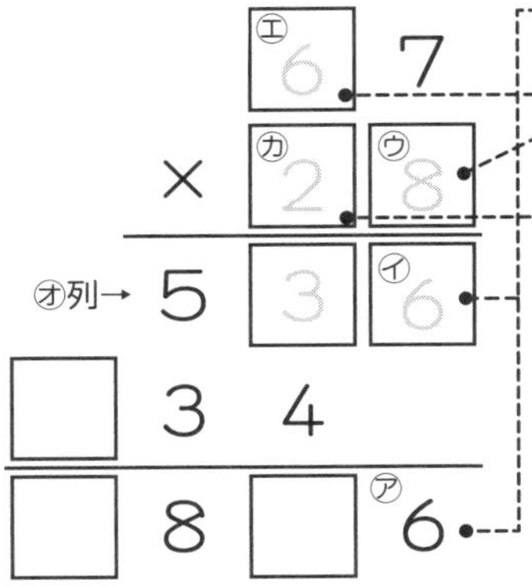

㋓ 6 7
× ㋕ 2 ㋒ 8
㋔列→ 5 3 ㋑ 6
□ 3 4
□ 8 □ ㋐ 6

❶ ㋐が6だから、㋑は6ですね。

❷ ㋒×7の答えの一の位《くらい》が6になるのは、8×7＝56しかありません。だから㋒は8。

❸ つぎに、㋓に入る数を考えます。㋓＝7とすると、77×8＝616なので、㋔列の答えと合いません。㋓＝6とすると、㋔列は536で、問題と合います。（㋓＝5では少なすぎます。）。

❹ 今度は、㋕に入る数を考えます。❷と同じように考えると、㋕は2になります。

❺ あとは、順《じゅん》に計算しましょう。

博士《はかせ》〜！
すごい虫くい！
助けて〜！

なかなか手ごわいの〜
❸がポイントじゃな。ここに思い切って予想して数を入れてみることじゃ。

①

		□	7
	×	□	□
	2	□	□
□	8	2	
□	0	□	5

②

		□	6
	×	□	□
	2	□	□
□	2	2	
□	4	□	6

③

		□	4
	×	□	□
	4	□	□
□	1	8	
□	6	□	4

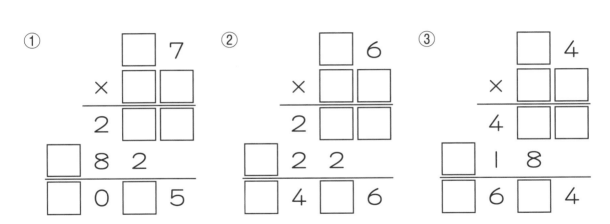

④

		□	6
	×	□	□
	4	□	□
□	2	8	
□	7	□	6

⑤

		□	9
	×	□	□
	3	□	□
□	3	2	
□	6	□	6

⑥

		□	7
	×	□	□
	7	□	□
□	9	4	
□	7	□	6

さあ、落ち着いて
1つ1つあなうめ
していこう。

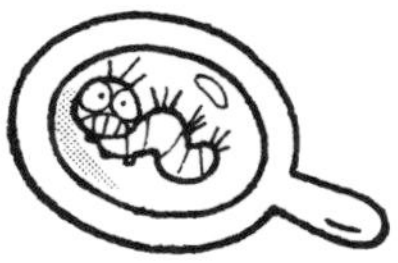

⑦

		□	8
	×	□	□
	2	□	□
□	□	4	
□	7	□	8

⑧

		□	9
	×	□	□
	3	□	□
□	□	4	
□	2	□	3

⑨

		□	8
	×	□	□
	1	□	□
□	□	6	
□	1	□	8

⑩

		□	3
	×	□	□
	5	□	□
□	□	7	
□	0	□	1

⑪

		□	9
	×	□	□
	1	□	□
□	□	1	
□	6	□	7

虫くいかけ算 ③ 算数・計算

4年～ 40分

名前

それぞれの□にあてはまる数を書きましょう。

《虫くいかけ算のとき方》

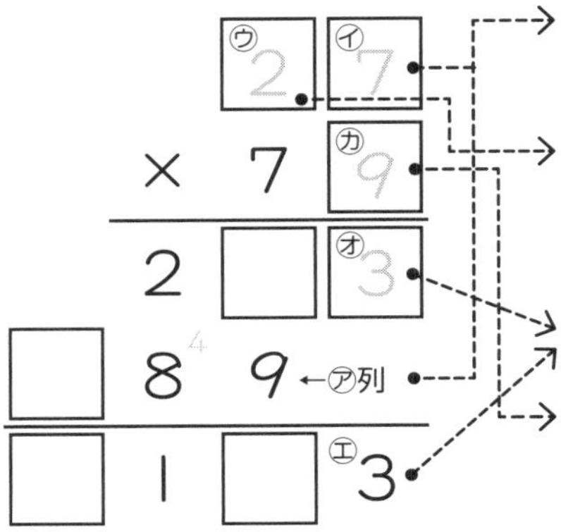

㋒2 ㋑7
× 7 ㋕9
2 □ ㋔3
□ 8 4 9 ←㋐列
□ 1 □ ㋓3

❶ ㋐列の数を見て考えていきます。7 ×㋑の答えの一の位《くらい》が 9 になるのは、㋑が 7 のときだけです。

❷ 続《つづ》けて、㋒にあてはまる数を考えます。㋑の 7 × 7 ＝49、4 ＋○＝ 8 ですから、7 ×㋒の答えの一の位が 4 になる数です。㋒には 2 が入ります。

❸ 次に、㋓から、㋔は 3 だとわかります。

❹ 今度は、㋕に入る数を考えます。❶と同じように考えると、㋕× 7 の答えの一の位が 3 になるのは 9 です。

❺ あとは、順《じゅん》に計算しましょう。

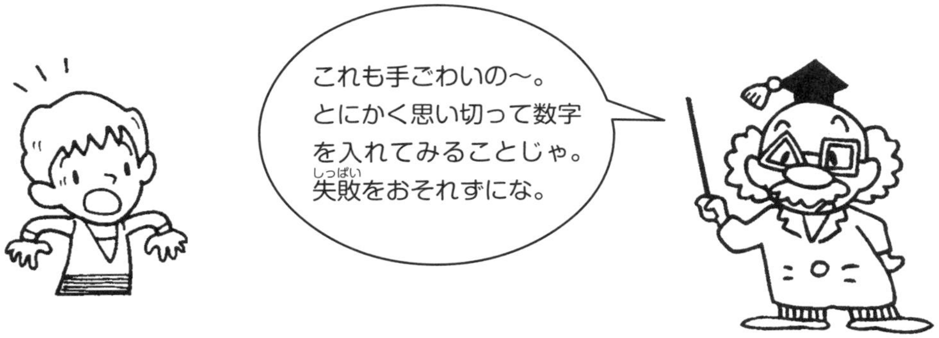

これも手ごわいの～。
とにかく思い切って数字
を入れてみることじゃ。
失敗《しっぱい》をおそれずにな。

①

		□	□
	×	8	□
	1	□	□
□	8	8	
□	0	□	4

②

		□	□
	×	7	□
	2	□	□
□	9	4	
□	1	□	2

③

		□	□
	×	8	□
	3	□	□
□	9	2	
□	2	□	3

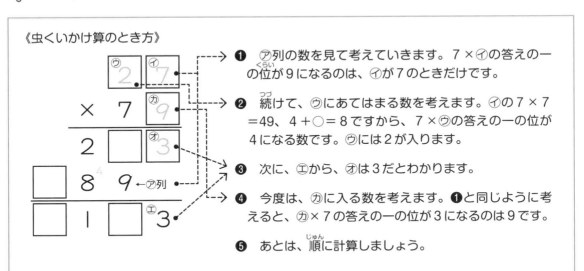

④

		□	□
	×	8	□
	5	□	□
□	0	8	
□	6	□	2

⑤

		□	□
	×	9	□
	1	□	□
□	0	6	
□	1	□	2

⑥

		□	□
	×	9	□
	3	□	□
□	0	5	
□	3	□	5

さあ、落ち着いて
1つ1つあなうめ
していこう。

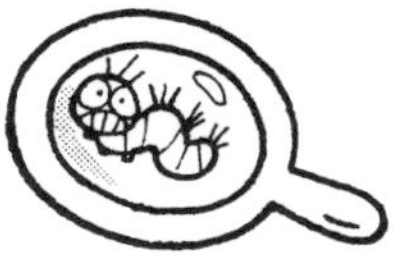

⑦

		□	□
	×	4	□
	6	□	□
□	□	6	
□	7	□	2

⑧

		□	□
	×	3	□
	4	□	□
□	□	4	
□	4	□	0

⑨

		□	□
	×	8	□
	2	□	□
□	□	6	
□	2	□	1

⑩

		□	□
	×	4	□
	2	□	□
□	□	6	
□	3	□	2

⑪

		□	□
	×	6	□
	6	□	□
□	□	2	
□	6	□	3

3けたの数の3つの数字 ①　算数・計算

4年～　40分

名前 ＿＿＿＿＿＿＿＿＿＿

✿ (例《れい》)の□の3けたの数のように、3つの数字をたすと、12になるような3けたの数を考えましょう。

(例) 462 → 4 + 6 + 2 = 12

●和が12になったら、もとの3けたの数を3でわりましょう。

462 ÷ 3 = 154

使える数字は、次の10こです。

2　2　3　3　4　4　5　5　6　6

① □ → □ + □ + □ = 12

●和が12になったら、もとの3けたの数を3でわりましょう。

□ ÷ 3 = □

② □ → □ + □ + □ = 12

●和が12になったら、もとの3けたの数を3でわりましょう。

□ ÷ 3 = □

③ □ → □ + □ + □ = 12

●和が12になったら、もとの3けたの数を3でわりましょう。

□ ÷ 3 = □

[4][4][4]みたいに同じ数を3つ使ったり、[1][4][7]みたいに[2]～[6]以《い》外の数を使っちゃダメだワン。

④ □ → □ ＋ □ ＋ □ ＝ 12

●和が12になったら、もとの3けたの数を3でわりましょう。

□ ÷ 3 ＝ □

⑤ □ → □ ＋ □ ＋ □ ＝ 12

●和が12になったら、もとの3けたの数を3でわりましょう。

□ ÷ 3 ＝ □

⑥ □ → □ ＋ □ ＋ □ ＝ 12

●和が12になったら、もとの3けたの数を3でわりましょう。

□ ÷ 3 ＝ □

⑦ □ → □ ＋ □ ＋ □ ＝ 12

●和が12になったら、もとの3けたの数を3でわりましょう。

□ ÷ 3 ＝ □

⑧ □ → □ ＋ □ ＋ □ ＝ 12

●和が12になったら、もとの3けたの数を3でわりましょう。

□ ÷ 3 ＝ □

3けたの数の3つの数字 ② ｜ 算数・計算

4年〜
40分

名前

✿ （例《れい》）の□の３けたの数のように、３つの数字をたすと、18になるような３けたの数を考えましょう。

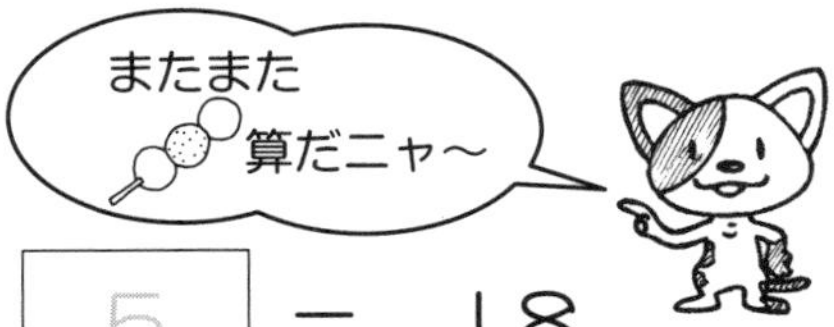

（例）765 → 7 ＋ 6 ＋ 5 ＝ 18

●和が18になったら、もとの３けたの数を９でわりましょう。

765 ÷ 9 ＝ 85

使える数字は、次の10こです。

4 4 5 5 6 6 7 7 8 8

① □ → □ ＋ □ ＋ □ ＝ 18

●和が18になったら、もとの３けたの数を９でわりましょう。

□ ÷ 9 ＝ □

② □ → □ ＋ □ ＋ □ ＝ 18

●和が18になったら、もとの３けたの数を９でわりましょう。

□ ÷ 9 ＝ □

③ □ → □ ＋ □ ＋ □ ＝ 18

●和が18になったら、もとの３けたの数を９でわりましょう。

□ ÷ 9 ＝ □

[6][6][6]みたいに同じ数を3つ使ったり、[3][6][9]みたいに[4]～[8]以《い》外の数を使っちゃダメだニャ～。

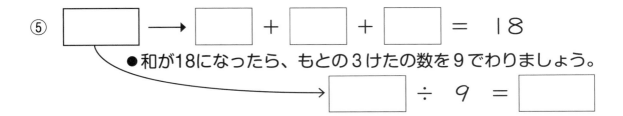

④ □ → □ + □ + □ ＝ 18

●和が18になったら、もとの3けたの数を9でわりましょう。

□ ÷ 9 ＝ □

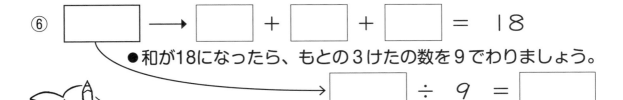

⑤ □ → □ + □ + □ ＝ 18

●和が18になったら、もとの3けたの数を9でわりましょう。

□ ÷ 9 ＝ □

⑥ □ → □ + □ + □ ＝ 18

●和が18になったら、もとの3けたの数を9でわりましょう。

□ ÷ 9 ＝ □

⑦ □ → □ + □ + □ ＝ 18

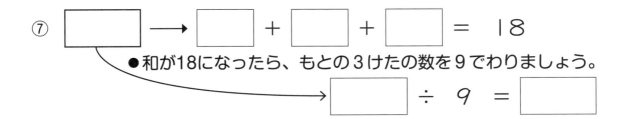

●和が18になったら、もとの3けたの数を9でわりましょう。

□ ÷ 9 ＝ □

⑧ □ → □ + □ + □ ＝ 18

●和が18になったら、もとの3けたの数を9でわりましょう。

□ ÷ 9 ＝ □

9点を結《むす》ぶもようづくり　算数・作図

4年～
40分

名前

✿ 9つの点を結んでもようをつくりましょう。（・は残《のこ》しません）

①折《お》れ線1本のもよう　②折れ線2本のもよう　③折れ線3本以上のもよう

④広さのあるもよう

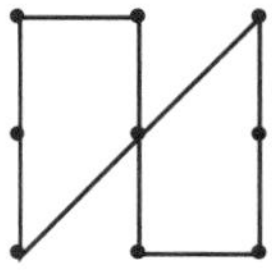

⑤広さと直線のもよう

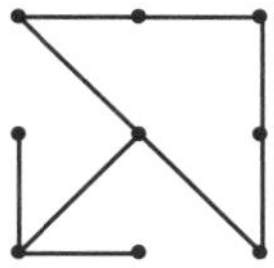

どんどん
かいていこう！

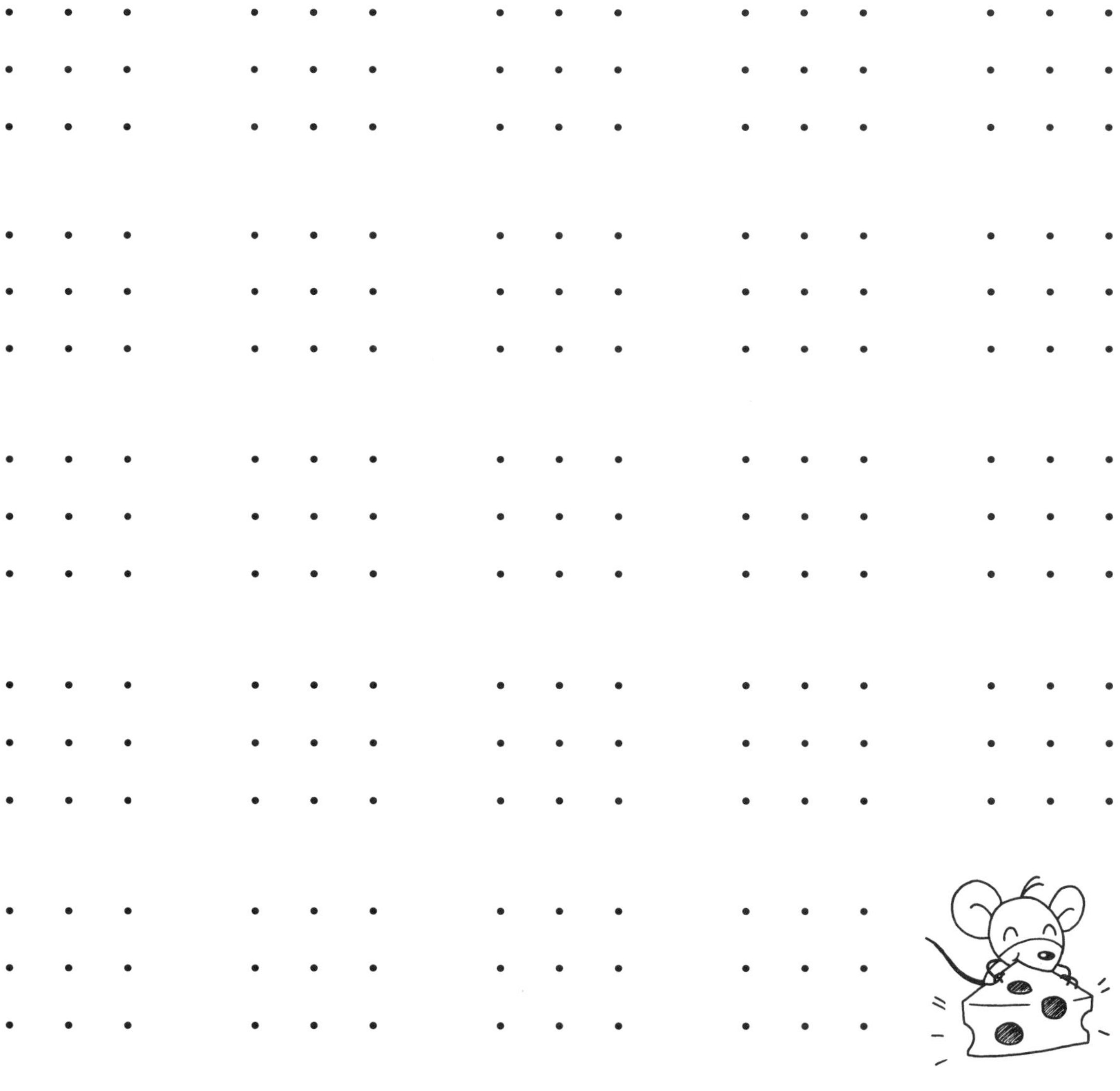

立方体の展開《てんかい》図《ず》 ①

算数・作図

4年～

40分

名前

✿ 立方体の展開図は、全部で11種類《しゅるい》あります。

11種類のうちの２種類は下の図です。残《のこ》りの９種類をかきましょう。

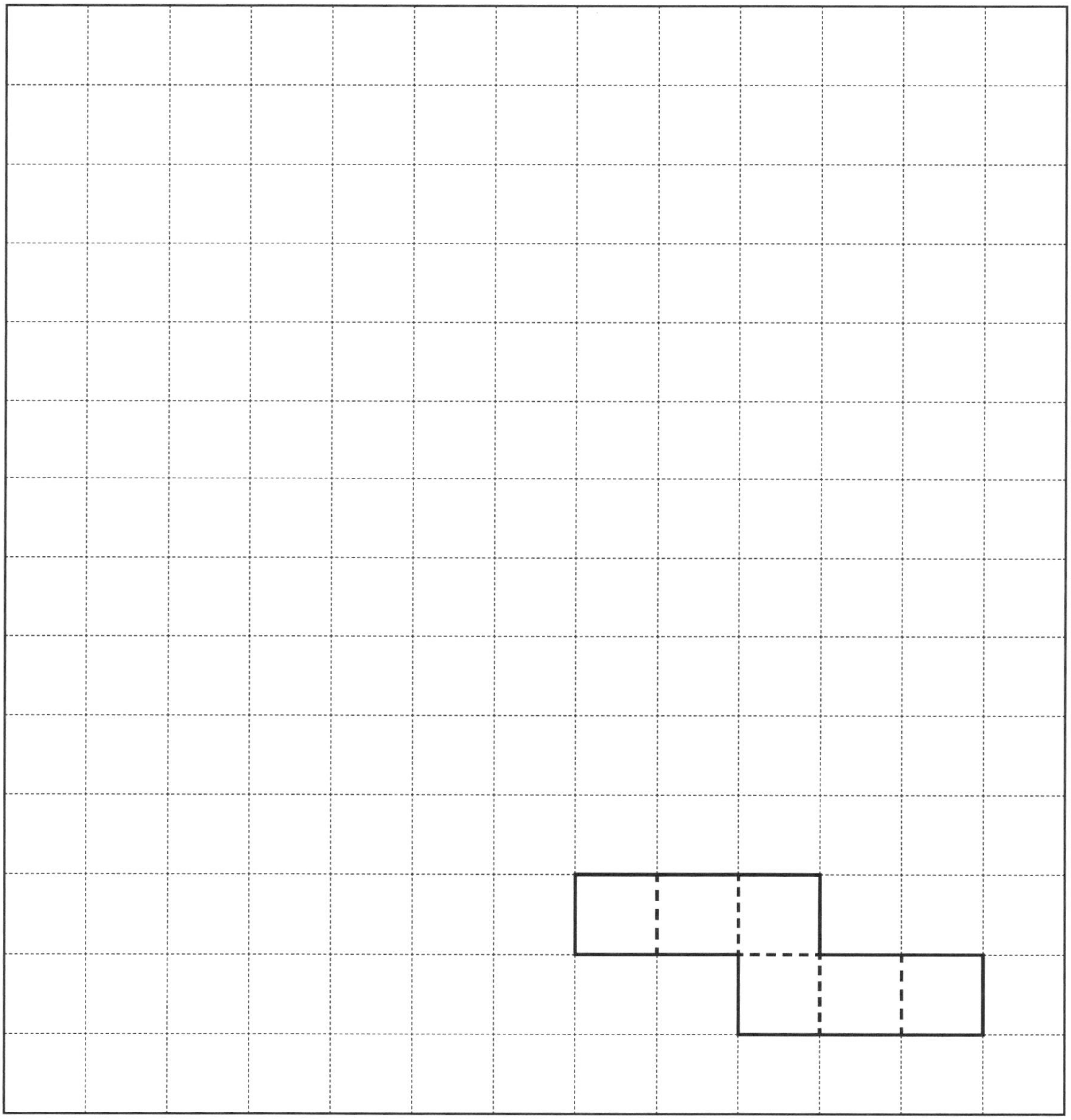

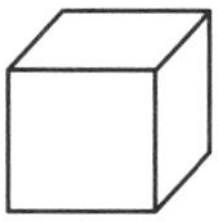

立方体は、さいころの形だよ。

箱を切り開くと…

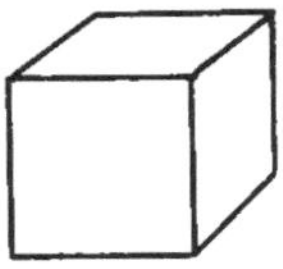

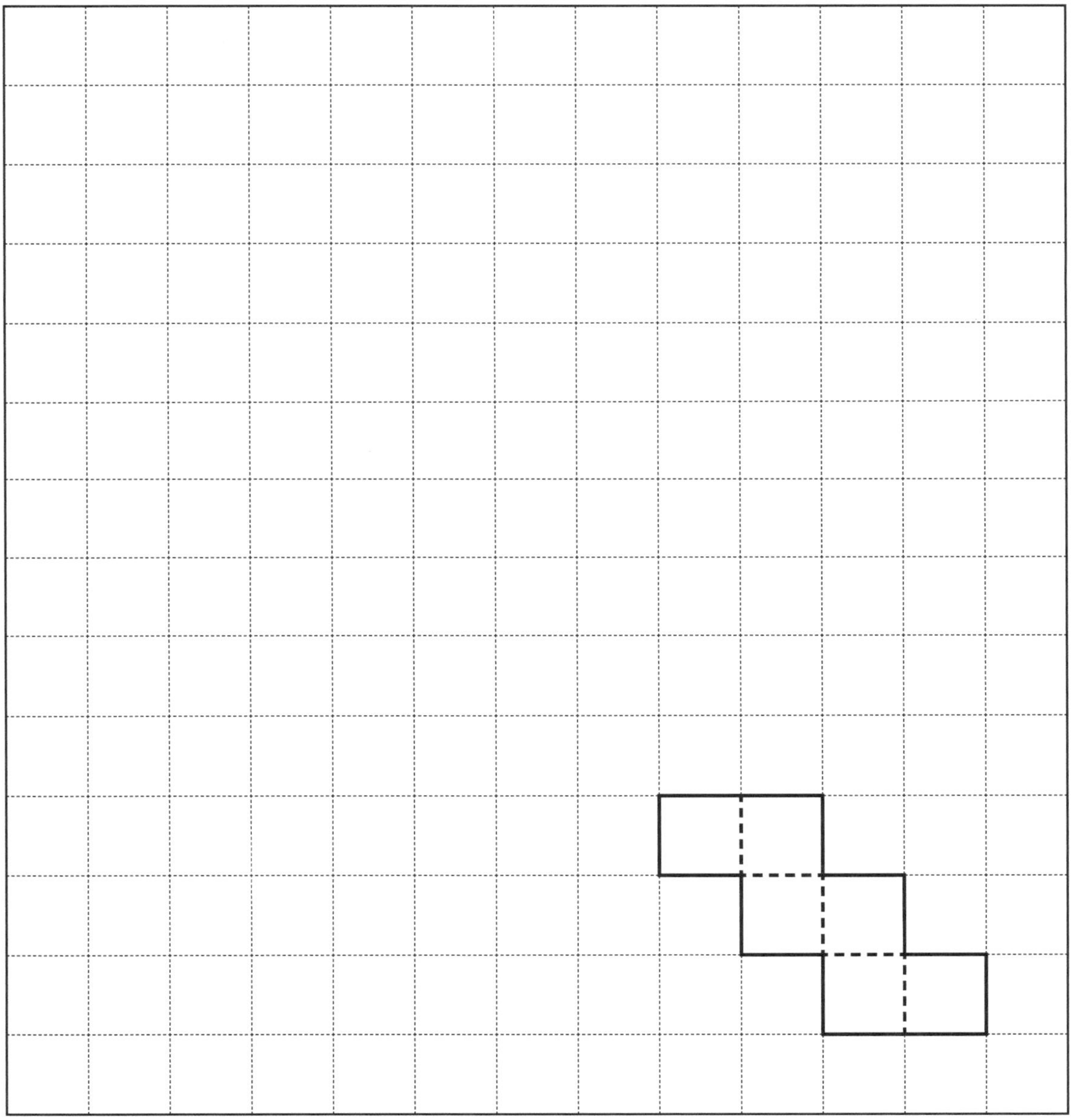

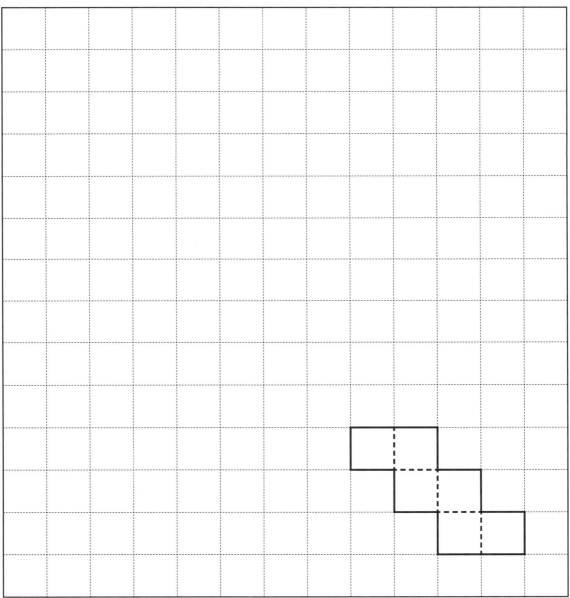

◎　かけたら、さいころの目を１、２、３、４、５、６の数で書きましょう。

さいころの平行な面の数は、１と６、２と５、３と４です。

立方体の展開《てんかい》図《ず》 ②　算数・作図

4年〜　40分

名前

✿ 立方体の展開図は、全部で11種類《しゅるい》です。

1　組み立てたときに平行になる面に、同じ色をぬりましょう。

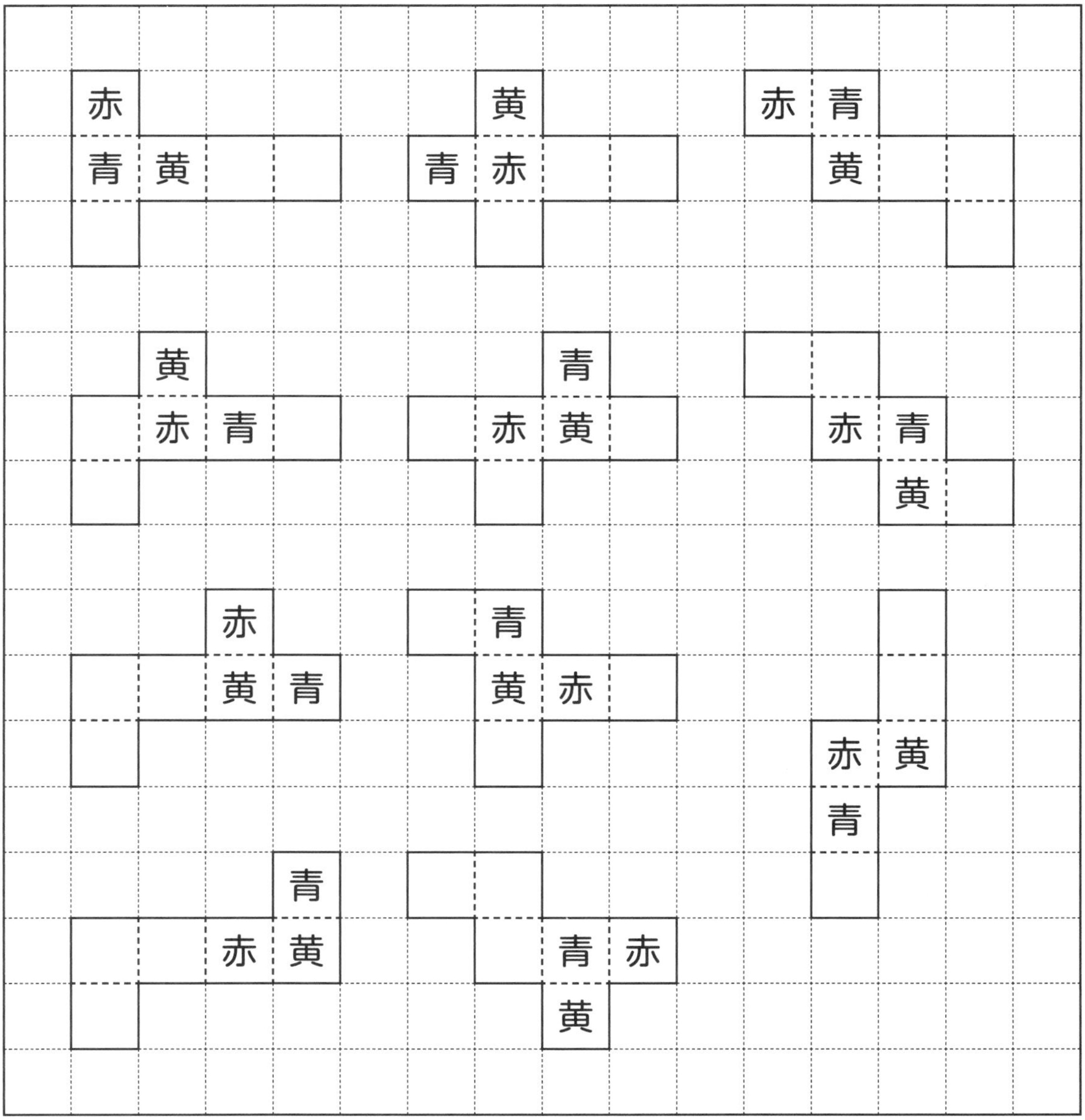

2　1の展開図をかきうつしましょう。その展開図にさいころの目を、1、2、3、4、5、6で書きましょう。

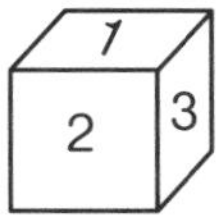
1
2
3

さいころの平行な面の数は、1と6、2と5、3と4だよ。

立方体の展開《てんかい》図《ず》 ③ 算数・作図

4年～
40分

名前

✿ ふたのない立方体の箱（面は５つ）の展開図をかきましょう。８種類《しゅるい》あります。あと７種類をかきましょう。

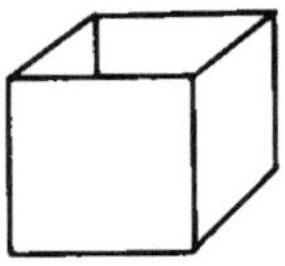

箱を切り開くと…

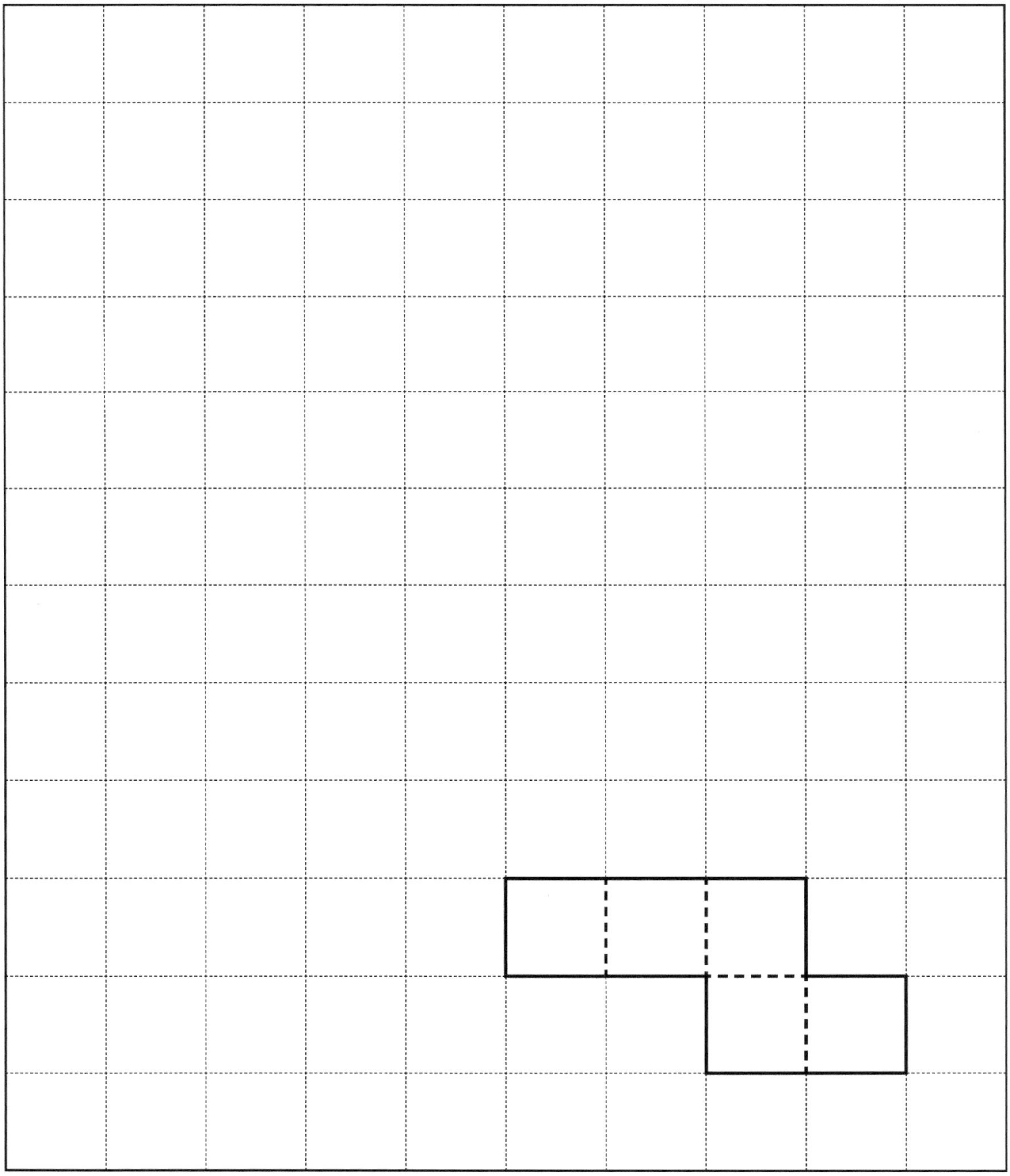

一考

一身

一世

一度

一部

一味

一定

一転

一筆

一命

一面

一様

一流

一服

一式

2

意味《み》を調べましょう。

一行《いっこう》

一首《いっしゅ》

一礼《いちれい》

「一」のつくじゅく語　国語・言葉

3年～
40分

名前

《用意《い》するもの》

1 「一」のつく二字じゅく語です（すべて三年生までの漢字《かんじ》）。「一」は、「いち」か「いっ」と読みます。
読みがなをつけましょう。正しいかどうかは、国語辞典《じてん》で調《しら》べましょう。
うすい文字はなぞります。

一円《いちえん》
一名
一時
一周
一読

一見《いっけん》
一生
一手
一家
一角

一番
一門
一夜
一理
一員

一心
一新
一線
一体
一歩

一路《いちろ》
一方《いっぽう》
一向
一族
一代

大《たい》海《かい》
大国
大作
大使
大食

大切
大半
大安
大意
大病

大役
大勝
大物
大事《ごと》
大事《じ》

2

意味《み》を調べましょう。

大《おお》手《で》

大《たい》意《い》

大《だい》分《ぶ》

「大」のつくじゅく語　国語・言葉

3年〜　40分

名前

《用意《い》するもの》

1 「大」のつく二字じゅく語です（すべて三年生までの漢字《かんじ》）。「大」は、「おお」か「だい」か「たい」と読みます。

読みがなをつけましょう。正しいかどうかは、国語辞典《じてん》で調《しら》べましょう。

うすい文字はなぞります。

大手《おおて》　大手《で》　大雨　大会　大水

大王《だいおう》　大学　大小　大名　大工《く》

大火《たいか》　大気　大金　大木　大家《か》

大家《おおや》　大麦　大方　大形　大空

大体《だいたい》　大地　大分《ぶ》　大黒　大根

行水
用水
水泳
水温
水死

水深
水平
水流
水路
温水

湖水
進水
放水
水火
水車《みずぐるま》

2 意味《み》を調べましょう。

水深《すいしん》

湖水《こすい》

水玉《みずたま》

「水」のつくじゅく語

国語・言葉

3年〜

40分

名前

《用意《い》するもの》 

1 「水」のつく二字じゅく語です（すべて三年生までの漢字《かんじ》）。「水」は、「みず」か「すい」か「ずい」と読みます。読みがなをつけましょう。正しいかどうかは、国語辞典《じてん》で調《しら》べましょう。うすい文字はなぞります。

水門《すいもん》　水鳥　雨《あま》水　水田　水銀

水草《みずくさ》　水色　水引　水力　水星

水気　水着　湯水　下水　水道

水虫　水牛　水上　出水　水分

大水　水柱　水中　上水　海水

水上《すいじょう》

水着《みずぎ》

下落《げらく》

上の問題《もんだい》は２年生までの漢字を使って、じゅく語を作っているでチュー。

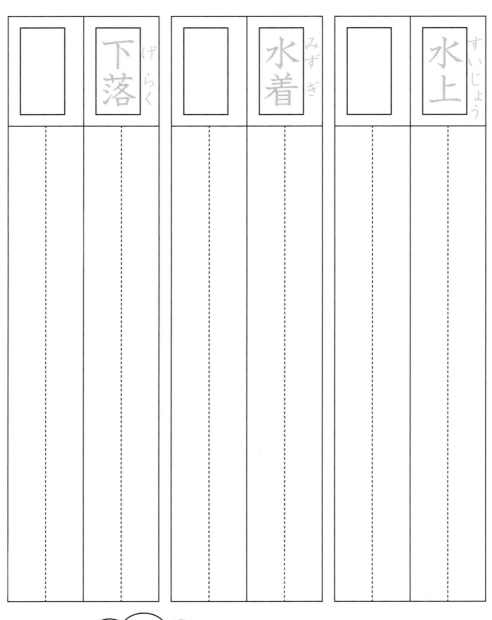

さかだちじゅく語 ①

国語・言葉

3年～　40分

名前

《用意《い》するもの》 

国語じてん

✿ 次《つぎ》の六つの二字じゅく語は、下から読んでもじゅく語です。それぞれのさかだちじゅく語を書いて、（れい）のように「読み」と「意味《いみ》」を調《しら》べましょう。

（読み）

（意味）

（れい）

女子《じょし》
女の子。女の人。

子女《しじょ》
女の子。むすめ。
むすことむすめ。子ども。

空中《くうちゅう》

名人《めいじん》

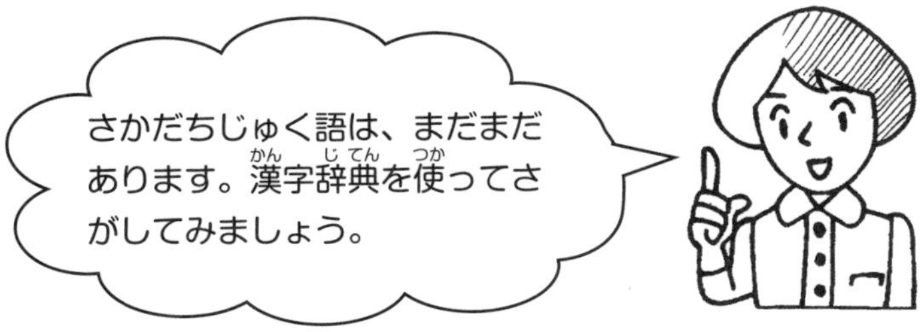

さかだちじゅく語は、まだまだあります。漢《かん》字《じ》辞典《じてん》を使《つか》ってさがしてみましょう。

心中《しんちゅう》

身長《しんちょう》

相手《あいて》

上の問題《もんだい》は３年生までの漢字を使って、じゅく語を作っているワン。

さかだちじゅく語 ②

国語・言葉

3年～
40分

名前

《用意《い》するもの》

次《つぎ》の六つの二字じゅく語は、下から読んでもじゅく語です。それぞれのさかだちじゅく語を書いて、（れい）のように「読み」と「意味《いみ》」を調《しら》べましょう。

（読み）
（意味）

（れい）

下地（したじ）	地下（ちか）	野原（のはら）		年長（ねんちょう）	
物事のきそ。 生まれつきのせいしつ。	地面の下。 死んだ人の行くあの世。				

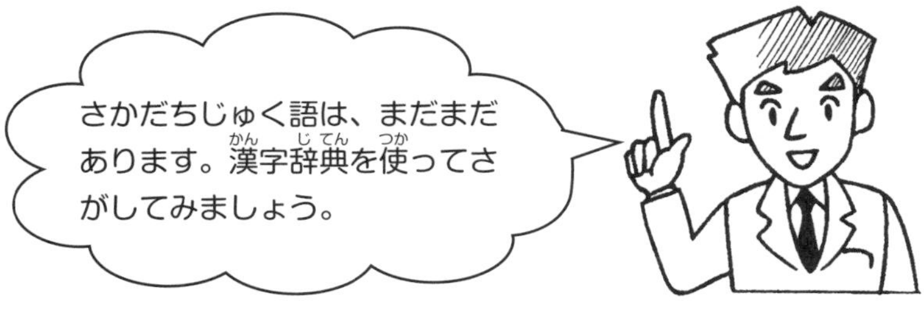
さかだちじゅく語は、まだまだあります。漢字辞典《かんじじてん》を使《つか》ってさがしてみましょう。

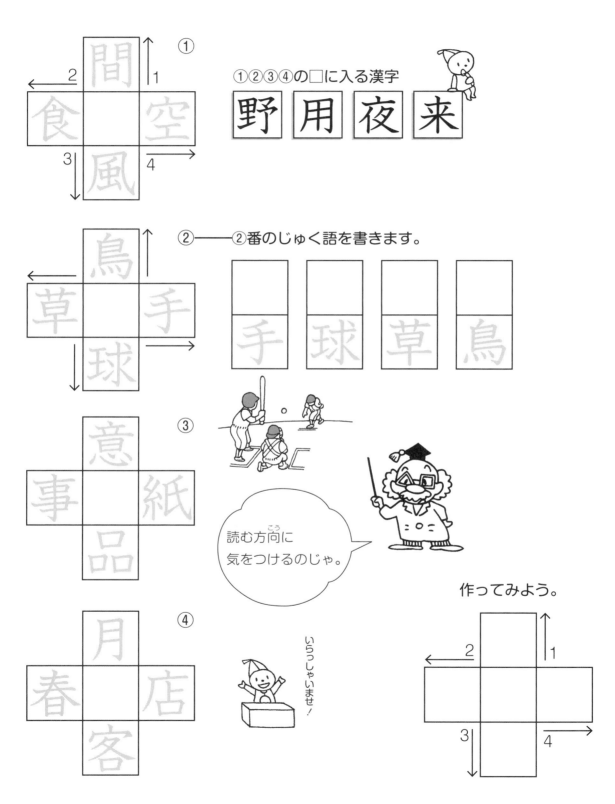

①

間

食　　空

風

①②③④の□に入る漢字

野　用　夜　来

②

鳥

草　　手

球

②──②番のじゅく語を書きます。

手	球	草	鳥

③

意

事　　紙

品

読む方向《こう》に
気をつけるのじゃ。

④

月

春　　店

客

作ってみよう。

漢字《かんじ》のクロス ①

国語・漢字

3年～
20分

名前

✿ 真《ま》ん中の□に、漢字を一字書きます。二字じゅく語が四つできます。↓の方へ読むじゅく語です。うすい文字は、なぞり書きをします。

①

	角 ↑1	
←2 向	□	面
	3↓ 式	4→

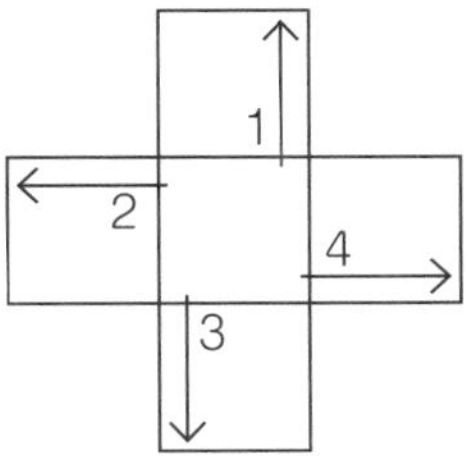

②

	朝 ↑	
← 週	□	度
	↓ 回	→

①②③④の□に入る漢字

明 方 万 毎

③

	国	
事	□	物
	全	

③——③番のじゅく語を書きます。

物	全	事	国

④

	暗	
細	□	答
	白	

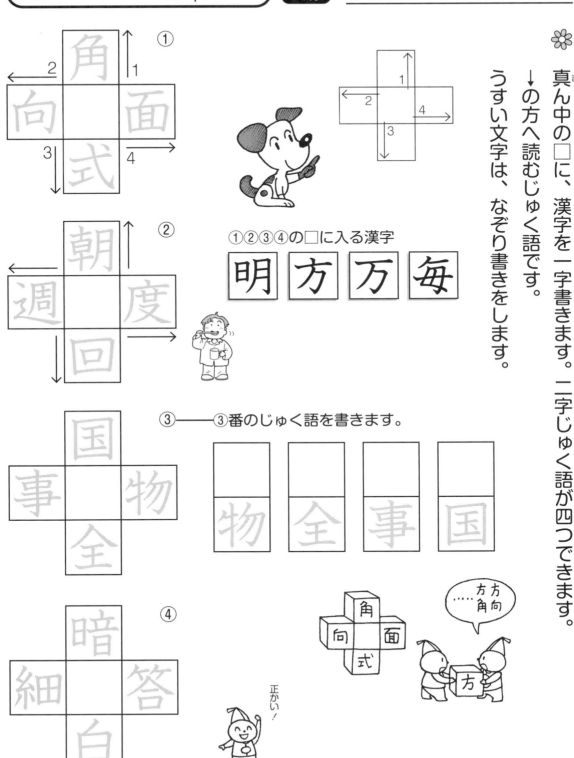

①

	色	
野	□	始
	油	

1 ↑　2 ←　3 ↓　4 →

①②③④の□に入る漢字

行　後　原　公

②

	足	
味	□	先
	口	

②——②番のじゅく語を書きます。

←

□	□	□	□
先	口	味	足

③

	園	
開	□	平
	式	

④

	水	
列	□	商
	事	

作ってみよう。

	□	
□	□	□
	□	

1 ↑　2 ←　3 ↓　4 →

漢字《かんじ》のクロス ②

国語・漢字

3年～　20分

名前

✿ 真《ま》ん中の□に、漢字を一字書きます。二字じゅく語が四つできます。
↓の方へ読むじゅく語です。
うすい文字は、なぞり書きをします。

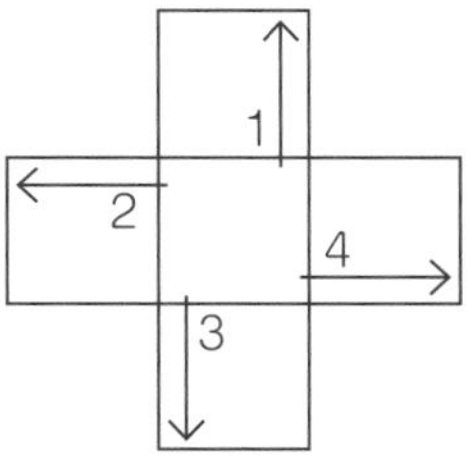

①

	方	
近		泳
	洋	

②

	鳥	
日		場
	物	

①②③④の□に入る漢字

夏　強　遠　絵

③

	本	
図		馬
	筆	

③——③番のじゅく語を書きます。

筆	図	本	馬

④

	化	
力		弱
	大	

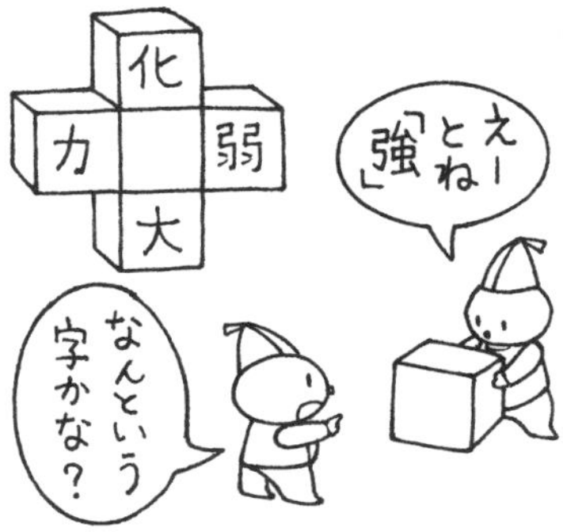

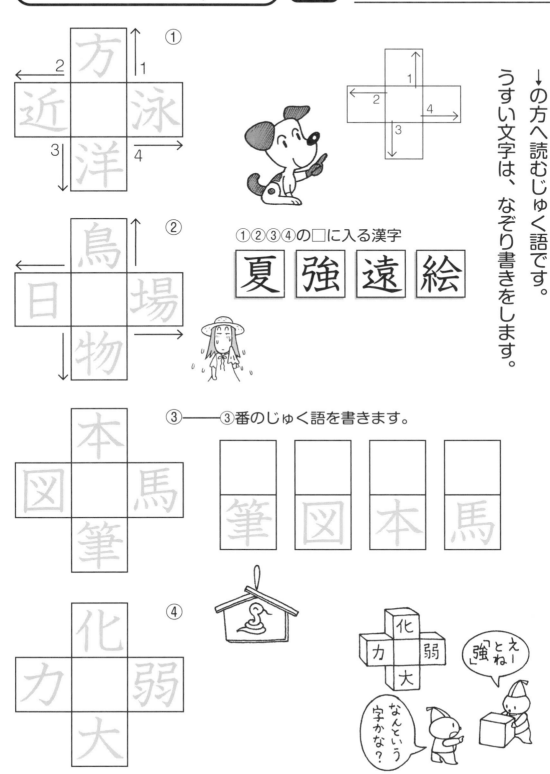

①

	学	
楽		庭
	農	

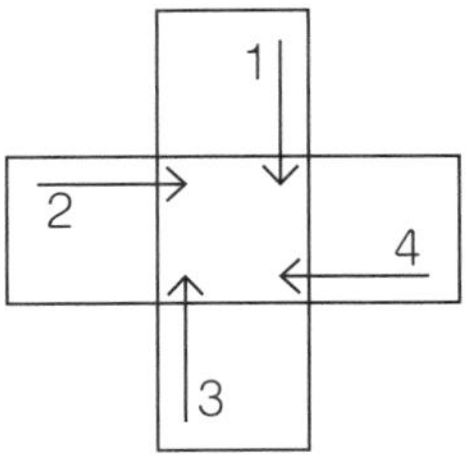

②

	図	
動		区
	計	

①②③④の□に入る漢字

画　外　園　会

③

	国	
社		集
	都	

③——③番のじゅく語を書きます。

集	都	社	国

④

	号	
場		海
	屋	

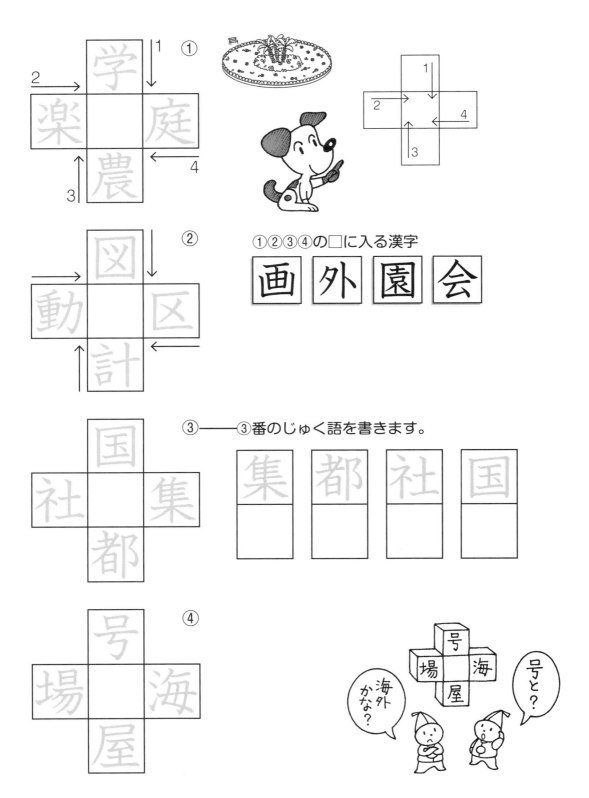

漢字《かんじ》のクロス ③

国語・漢字

3年～ 20分

名前

真《ま》ん中の□に、漢字を一字書きます。二字じゅく語が四つできます。
↓の方へ読むじゅく語です。
うすい文字は、なぞり書きをします。

①

	近	
細		横
	夜	

1 ↓　2 →　3 ↑　4 ←

①②③④の□に入る漢字

分　道　風　内

②

	市	
県		室
	国	

②——②番のじゅく語を書きます。

室	国	県	市

③

	強	
寒		洋
	和	

④

	半	
部		配
	等	

作ってみよう。

1 ↓　2 →　3 ↑　4 ←

⑦

写生（　）

写す（　）

⑧

打者（　）

打つ（　）

⑨

練習（　）

練る（　）

⑩

放水（　）

放す（　）

⑪

転入（　）

転ぶ（　）

⑫

事実（　）

実る（　）

同じ漢字《かんじ》のちがう読み ①

国語・漢字

3年～
20分

名前

なぞり書きをしてから、漢字の読みを（　）に書きます。

①
住所（　　）
住む（　　）

②
前進（　　）
進む（　　）

③
天使（　　）
使う（　　）

④
予習（　　）
習う（　　）

⑤
返事（　　）
返す（　　）

⑥
消火（　　）
消す（　　）

⑦
海岸（　）
川岸（　）

⑧
列島（　）
島国（　）

⑨
寒波（　）
波風（　）

⑩
鉄板（　）
板前（　）

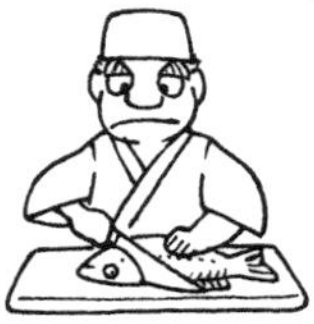

⑪
電柱（　）
貝柱（　）

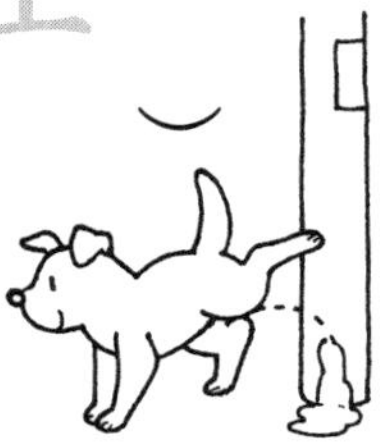

⑫
宿題（　）
宿屋（　）

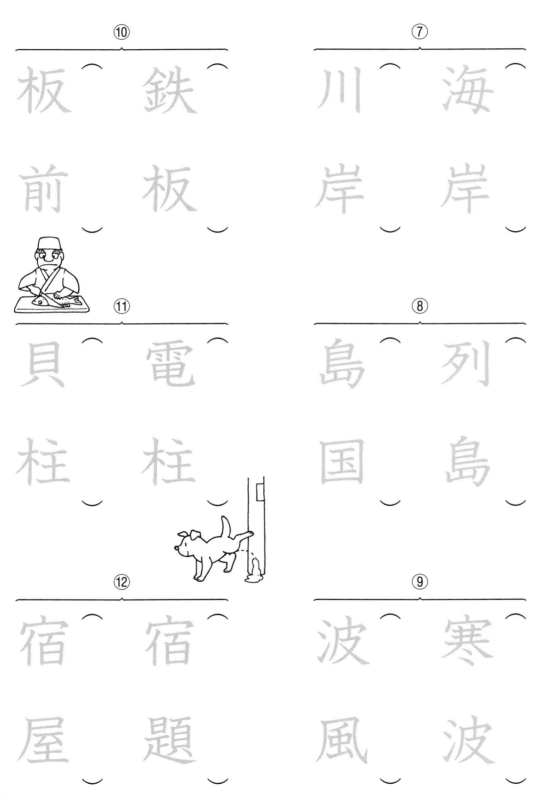

同じ漢字《かんじ》のちがう読み ②

国語・漢字

3年〜

20分

名前

✿ なぞり書きをしてから、漢字の読みを（　）に書きます。

①
- 空港（　）
- 港町（　）

②
- 汽笛（　）
- 草笛（　）

③
- 横転（　）
- 横笛（　）

④
- 家庭（　）
- 箱庭（　）

⑤
- 軽食（　）
- 身軽（　）

⑥
- 石油（　）
- 油絵（　）

［　　］しい　国語・言葉

3年～　40分

名前

✿「［うつく］しい」のように前につく言葉《ことば》を書き入れましょう。

1

［あや］しい

［　　］しい

［　　］しい

［　　］しい

［　　］しい

2

［きき］とり

［　　］とり

［　　］とり

［　　］とり

［　　］とり

3

［はてし］ない

［　　］ない

［　　］ない

［　　］ない

［　　］ない

4

［かい］きり（ぎり）

［　　］きり（ぎり）

［　　］きり（ぎり）

［　　］きり（ぎり）

［　　］きり（ぎり）

《用意《い》するもの》 

5

［ふき］つけ
［　　］つけ
［　　］つけ
［　　］つけ
［　　］つけ

6

［ほね］ぬき
［　　］ぬき
［　　］ぬき
［　　］ぬき
［　　］ぬき

7

［よび］かけ（がけ）
［　　］かけ（がけ）
［　　］かけ（がけ）
［　　］かけ（がけ）
［　　］かけ（がけ）

8

［かぜ］ひき（びき）
［　　］ひき（びき）
［　　］ひき（びき）
［　　］ひき（びき）
［　　］ひき（びき）

あげる

国語・言葉

4年～ 40分

名前

❀「追い あげる」のように前につく言葉を書き入れましょう。

1

追い あげる

あげる

あげる

あげる

あげる

2

すい つける

つける

つける

つける

つける

3

うかび あがる

あがる

あがる

あがる

あがる

4

入れ かえる（がえる）

かえる（がえる）

かえる（がえる）

かえる（がえる）

かえる（がえる）

ゆであがる

生きかえる

《用意するもの》 

5	たおれ	かかる
		かかる
		かかる
		かかる
		かかる

6	思い	きる（ぎる）
		きる（ぎる）
		きる（ぎる）
		きる（ぎる）
		きる（ぎる）

7	おし	かける（がける）
		かける（がける）
		かける（がける）
		かける（がける）
		かける（がける）

8	写し	とる（どる）
		とる（どる）
		とる（どる）
		とる（どる）
		とる（どる）

重すぎる

おどりかかる

《用意するもの》

2 「引き合い」のように、引き○○という言葉。

引き合い

ちょっとこれはむずかしいぞ。
「引き…」。なんだろうねえ。

取り○○、引き○○

国語・言葉

4年～
40分

名前

1 ✿ 国語辞典《じてん》を引いて、次のような言葉を書きましょう。
「取り合う」のように、取り○○という言葉。

取り合う

2 「思い上がる」のように、思い○○という言葉。

思い上がる

「思い……」

書き○○、思い○○

国語・言葉

4年～ 40分

名前

1 ✿ 国語辞典《じてん》を引いて、次のような言葉を書きましょう。「書き表す」のように、書き○○という言葉。

書き表す

がんばっ～
勉強する
毎年、君たちが
お正月にすることは？

2 「手」のつく慣用句

手があく

「手を焼《や》く」のは
どっちじゃ？

「目」「手」のつく慣用句《かんようく》

国語・言葉

4年～
40分

名前

1 ✿ 国語辞典《じてん》を引いて、慣用句を書きましょう。

「目」のつく慣用句

目がうるむ・目がきく

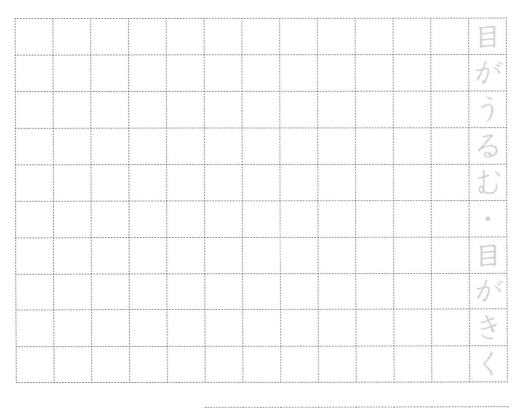

2 「心」のつく慣用句

心がいたむ

3 「息」のつく慣用句

息が合う

「息が……」

「気」「心」「息」のつく慣用句《かんようく》

国語・言葉

4年〜
40分

名前

1 ✿

国語辞典《じてん》を引いて、慣用句を書きましょう。

「気」のつく慣用句

気がおけない

これでもこの子は
「気が……」
しているはずじゃ。

《用意するもの》 

2 「引く」と同じように、「おす」の意味と使い方も調べましょう。

「おす」

（使い方）

「引く」と「おす」　国語・言葉

4年〜
40分

名前

1 「引く」の意味と使い方を、国語辞典《じてん》を引いて書き写しましょう。上半分には「引く」の意味を、下半分には使い方を書きましょう。

「引く」　（使い方）

① 自分のほうへよせる　つなを引く
引っぱる

②

《用意するもの》 

2 「上げる」と同じように、「下げる」の意味と使い方も調べましょう。

「下げる」

（使い方）

「上げる」と「下げる」

国語・言葉

4年〜

40分

名前

1 「上げる」の意味と使い方を、国語辞典《じてん》を引いて書き写しましょう。
上半分には「上げる」の意味を、下半分には使い方を書きます。

「上げる」

（使い方）

①上へやる。高くする

頭を上げる

②

「手」のつく言葉を調べる　国語・言葉

4年～　40分

名前

❀ □に「手」を書き、読みがなをふりましょう。
意味も調べましょう。

① 手《て》短《みじか》	てっとりばやく、かんたんなようす。
② □軽	
③ □芸	
④ □配	
⑤ □記	
⑥ □動	
⑦ □順	
⑧ □話	
⑨ □品	

《用意するもの》 

⑩ 着《ちゃく》手《しゅ》	ものごとに取りかかること。
⑪ 旗 □	
⑫ 勝 □	
⑬ 空 □	
⑭ 助 □	
⑮ 選 □	
⑯ 苦 □	
⑰ 歌 □	
⑱ 相 □	

「火」のつく言葉を調べる　国語・言葉

4年～　40分

名前

□に「火」を書き、読みがなをふりましょう。
意味も調べましょう。

① 火《ひ》遊《あそ》び	火を使って遊ぶこと。
② □元	
③ □薬	
④ □急	
⑤ □柱	
⑥ □気	
⑦ □力	
⑧ □種	
⑨ □花	

《用意するもの》 

⑩	失《しっ》火《か》	まちがって火事をおこすこと。また、その火事のこと。
⑪	放□	
⑫	花□	
⑬	野□	
⑭	近□	
⑮	引□	
⑯	灯□	
⑰	炭□	
⑱	下□	

「目」のつく言葉を調べる　国語・言葉

4年～　40分

名前

✿ □に「目」を書き、読みがなをふりましょう。
意味も調べましょう。

① 目《め》安《やす》	目あて。およその見通し。見当。
② □元	
③ □印	
④ □的	
⑤ □次	
⑥ □星	
⑦ □前	
⑧ □先	
⑨ □標	

《用意するもの》 

⑩ 注《ちゅう》目《もく》	注意してよく見ること。 関心をもって見守ること。
⑪ 題□	
⑫ 役□	
⑬ 曲□	
⑭ 反□	
⑮ 横□	
⑯ 金□	
⑰ 品□	
⑱ 茶□	

「横」のつく言葉を調べる　国語・言葉

4年～　40分

名前 ______________________

✿ 「横」のつく言葉を調べましょう。

1　横をたてに変《か》えましょう。

① 横あな ↔ ______________

② 横じま ↔ ______________

③ 横じく ↔ ______________

④ 横書き ↔ ______________

⑤ 横長 ↔ ______________

⑥ 横糸 ↔ ______________

⑦ 横笛 ↔ ______________

2　意味を調べましょう。

① 横やり

② 横取り

③ 横流し

《用意するもの》 

④ 横紙やぶり

⑤ 横車をおす

⑥ 横好《ず》き

⑦ 横道

⑧ 横顔

⑨ 横合い

⑩ 横たわる

⑪ 横ばい

⑫ 横たえる

⑬ 横文字

さか立ちじゅく語のまき ①　国語・言葉

4年～　40分

名前

✿ (例《れい》)のように、□に１字書いて、さか立ちじゅく語にしましょう。その意味も調べましょう。

(例)
① 名 実 名　　② 議 □ 議　　③ 器 □ 器

④ 分 □ 分　　⑤ 重 □ 重　　⑥ 関 □ 関

⑦ 木 □ 木　　⑧ 写 □ 写

□の１字は
ここから選《えら》んで

会　楽　実　配　体　材　税《ぜい》　実

(例)

①	名《めい》実《じつ》	なまえとなかみ。ひょうばんと実際。
①	実《じつ》名《めい》	
②		
②		
③		
③		

《用意するもの》 

④		
④		
⑤		
⑤		
⑥		
⑥		
⑦		
⑦		
⑧		
⑧		

さか立ちじゅく語のまき ②　国語・言葉

4年～　40分

名前

✿ （例《れい》）のように、□に１字書いて、さか立ちじゅく語にしましょう。その意味も調べましょう。

（例）
① 末［期］末　② 長□長　③ 決□決

④ 社□社　⑤ 国□国　⑥ 類□類

⑦ 産□産　⑧ 手□手

□の１字は
ここから選《えら》んで

［元］［身］［書］［会］［期］［議］［外］［出］

（例）

① 末期《まっき》	おわりのころ。
① 期末《きまつ》	

②	
②	

③	
③	

《用意するもの》 

④		
④		
⑤		
⑤		
⑥		
⑥		
⑦		
⑦		
⑧		
⑧		

都道府県《とどうふけん》いろいろ ①

国語・その他

4年～　20分

名前

海のない８県が、アイウエオ順《じゅん》に書いてあります。
県名をなぞり書きし、その読み方を書きます。

㋐（　　　　　　　）
岐阜県

㋑（　　　　　　　）
群馬県

㋒（　　　　　　　）
埼玉県

㋓（　　　　　　　）
滋賀県

㋔（　　　　　　　）
栃木県

㋕（　　　　　　　）
長野県

㋖（　　　　　　　）
奈良県

㋗（　　　　　　　）
山梨県

1．　海のない県に色をぬります。

- 関東《かんとう》地方《ちほう》の３県……赤色
- 中部《ちゅうぶ》地方の３県……青色
- 近畿《きんき》地方の２県……黄色

2．　栃木《とちぎ》県《けん》にとなり合う海のある２県は？

＿＿＿＿県　＿＿＿＿県

3．　奈良《なら》県《けん》にとなり合う海のある２府は？

＿＿＿＿府　＿＿＿＿府

都道府県《とどうふけん》いろいろ ②　国語・その他

4年～
20分

名前＿＿＿＿＿＿＿＿＿＿＿＿

❀ 県名はなぞり書きし、その読み方を書きます。

1．県名に「山」のある県……赤色を地図にぬります。

㋐（　　　　　　　）
岡山県

㋑（　　　　　　　）
富山県

㋒（　　　　　　　）
山形県

㋓（　　　　　　　）
山口県

㋔（　　　　　　　）
山梨県

㋕（　　　　　　　　　）
和歌山県

2．県名に「川」のある県……青色を地図にぬります。

㋐（　　　　　　　）
石川県

㋑（　　　　　　　）
香川県

㋒（　　　　　　　）
神奈川県

3.　県名に「島」のある県……黄色を地図にぬります。

㋐（　　　　　　　）鹿児島県　　㋑（　　　　　　）島根県

㋒（　　　　　　）徳島県　　㋓（　　　　　　）広島県

㋔（　　　　　　）福島県

都道府県《とどうふけん》いろいろ ③　国語・その他

4年～　20分

名前

✿ ○に、ひらがなを書いて県名にします。
読み方は、上から下へ、左から右へです。

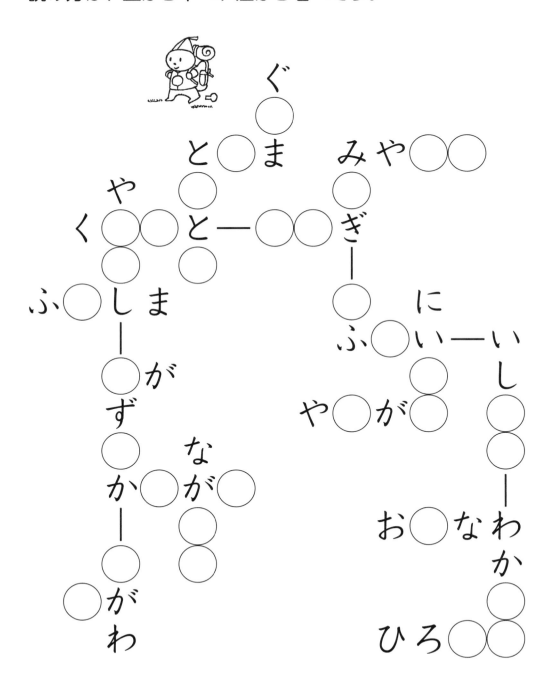

ぐ
○
と○ま　みや○○
や　○　○
く○○と―○○ぎ
○　○　―
ふ○しま　○　に
―　ふ○い―い
○が　○　し
ず　や○が○　○
○　な　○
か○が○　―
―　○　お○なわ
○　○　か
○が　○
わ　ひろ○○

左の県を地図で見つけたら、どんどん色をぬっていきましょう。

山形県、宮城県、福島県、栃木県、群馬県

神奈川県、新潟県、富山県、山梨県

福井県、岐阜県、静岡県、石川県

滋賀県、和歌山県、鳥取県

広島県、香川県、長崎県、佐賀県

熊本県、宮崎県、沖縄県

たしたり、ひいたり　算数・計算

3年～　20分　名前

1 たして、たしましょう。

①	②	③	④	⑤	⑥
29	28	17	38	18	27
＋19	＋26	＋27	＋27	＋28	＋39
48	54	44	65	46	66
＋29	＋27	＋27	＋16	＋38	＋18
77	81	71	81	84	84

2 たして、ひきましょう。

①	②	③	④	⑤
57	24	37	25	56
＋36	＋67	＋38	＋58	＋29
93	91	75	83	85
－48	－58	－49	－67	－57
45	33	26	16	28

3 ひいて、たしましょう。

①	②	③	④	⑤
81	64	92	75	82
－54	－27	－54	－59	－28
27	37	38	16	54
＋28	＋36	＋17	＋48	＋37
55	73	55	64	91

4 ひいて、ひきましょう。

①	②	③	④	⑤
91	62	82	93	73
－18	－19	－26	－38	－19
73	43	56	55	54
－27	－17	－38	－29	－26
46	26	18	26	28

P.4　　P.5

たして たして　算数・計算

3年～　20分　名前

1 (れい)

① 1 ＋ 4 ＋ 8 ＝ 13

② 2 ＋ 4 ＋ 7 ＝ 13

③ 3 ＋ 5 ＋ 5 ＝ 13

④ 4 ＋ 6 ＋ 3 ＝ 13

⑤ 5 ＋ 7 ＋ 1 ＝ 13

⑥ 6 ＋ 6 ＋ 1 ＝ 13

2 (れい)

① 2 ＋ 7 ＋ 7 ＝ 16

② 9 ＋ 4 ＋ 3 ＝ 16

③ 4 ＋ 6 ＋ 6 ＝ 16

④ 7 ＋ 4 ＋ 5 ＝ 16

⑤ 5 ＋ 5 ＋ 6 ＝ 16

⑥ 3 ＋ 7 ＋ 6 ＝ 16

P.6, 7

ひいて ひいて　算数・計算

3年～　20分　名前

1 (れい)

① 19 － 5 － 3 ＝ 11

② 19 － 2 － 6 ＝ 11

③ 18 － 1 － 6 ＝ 11

④ 18 － 2 － 5 ＝ 11

⑤ 17 － 1 － 5 ＝ 11

⑥ 16 － 1 － 4 ＝ 11

2 (れい)

① 19 － 1 － 6 ＝ 12

② 17 － 1 － 4 ＝ 12

③ 18 － 1 － 7 ＝ 10

④ 16 － 1 － 5 ＝ 10

⑤ 17 － 1 － 3 ＝ 13

⑥ 19 － 1 － 5 ＝ 13

⑦ 18 － 1 － 6 ＝ 11

P.8, 9

ふしぎな計算（たし算）　算数・計算　3年～　40分

名前

①	2	9	4	0	7	5	3	6	1	8	←（0～9の数字を1つずつ）	
②	7	7	7	7	7	7	7	7	7	7	←（2～9のなかで同じ数を10こ）	
③	9	6	1	7	4	2	0	3	8	5	←①+②	1の位《くらい》だけ書く。
④	6	3	8	4	1	9	7	0	5	2	←②+③	
⑤	5	9	9	1	5	1	7	3	3	7	←③+④	
⑥	1	2	7	5	6	0	4	3	8	9	←④+⑤	
⑦	6	1	6	6	1	1	1	6	1	6	←⑤+⑥	2つの数だけになる。
⑧	7	3	3	1	7	1	5	9	9	5	←⑥+⑦	
⑨	3	4	9	7	8	2	6	5	0	1	←⑦+⑧	
⑩	0	7	2	8	5	3	1	4	9	6	←⑧+⑨	
⑪	3	1	1	5	3	5	7	9	9	7	←⑨+⑩	
⑫	3	8	3	3	8	8	8	3	8	3	←⑩+⑪	2つの数だけになる。
⑬	6	9	4	8	1	3	5	2	7	0	←⑪+⑫	
⑭	9	7	7	1	9	1	3	5	5	3	←⑫+⑬	
⑮	5	6	1	9	0	4	8	7	2	3	←⑬+⑭	
⑯	4	3	8	0	9	5	1	2	7	6	←⑭+⑮	
⑰	9	9	9	9	9	9	9	9	9	9	←⑮+⑯	みんなが同じ数になる。

P.10, 11

ふしぎな計算（ひき算）　算数・計算　3年～　40分

名前

①	3	8	4	0	9	5	1	6	2	7	←（0～9の数字を1つずつ）	
②	6	6	6	6	6	6	6	6	6	6	←（2～9のなかで同じ数を10こ）	
③	7	2	8	4	3	9	5	0	6	1	←①−②	ひけないときは、10たしてひく。
④	9	4	8	2	3	7	1	6	0	5	←②−③	
⑤	8	8	0	2	0	2	4	4	6	6	←③−④	
⑥	1	6	8	0	3	5	7	2	4	9	←④−⑤	
⑦	7	2	2	2	7	7	7	2	2	7	←⑤−⑥	2つの数だけになる。
⑧	4	4	6	8	6	8	0	0	2	2	←⑥−⑦	
⑨	3	8	6	4	1	9	7	2	0	5	←⑦−⑧	
⑩	1	6	0	4	5	9	3	8	2	7	←⑧−⑨	
⑪	2	2	6	0	6	0	4	4	8	8	←⑨−⑩	
⑫	9	4	4	4	9	9	9	4	4	9	←⑩−⑪	2つの数だけになる。
⑬	3	8	2	6	7	1	5	0	4	9	←⑪−⑫	
⑭	6	6	2	8	2	8	4	4	0	0	←⑫−⑬	
⑮	7	2	0	8	5	3	1	6	4	9	←⑬−⑭	
⑯	9	4	2	0	7	5	3	8	6	1	←⑭−⑮	
⑰	8	8	8	8	8	8	8	8	8	8	←⑮−⑯	みんなが同じ数になる。

P.12, 13

虫くいかけ算 ①　算数・計算　3年～　40分

名前

□に、あてはまる数を書きましょう。

① $\boxed{2}4 \times 2 = 48$　　$\boxed{ア}4 \times 2 = 48$（ア は丸囲み）

2×㋐＝4
だから、
㋐は2だね。

② $\boxed{2}1 \times 4 = 84$

③ $\boxed{3}4 \times 2 = 68$

④ $4\boxed{3} \times 2 = 86$

⑤ $31 \times \boxed{3} = 93$

⑥ $3\boxed{2} \times \boxed{2} = 64$　　$3\boxed{ア} \times \boxed{イ} = 64$（ア・イ は丸囲み）

㋑×3＝6だから
㋑は、2。
2×㋐＝4になるから、㋐は、2だね。

⑦ $1\boxed{3} \times \boxed{3} = 39$

⑧ $2\boxed{3} \times \boxed{3} = 69$

⑨ $\boxed{1}2 \times \boxed{4} = 48$

⑩ $\boxed{2}3 \times \boxed{3} = 69$

P.14

⑪ $\boxed{2}5 \times 3 = 75$

⑫ $\boxed{2}3 \times 4 = 92$

⑬ $1\boxed{9} \times 4 = 76$

⑭ $18 \times \boxed{5} = 90$

⑮ $1\boxed{5} \times \boxed{5} = 75$

⑯ $2\boxed{7} \times \boxed{3} = 81$

⑰ $\boxed{1}3 \times \boxed{7} = 91$

⑱ $\boxed{2}9 \times \boxed{3} = 87$

⑲ $\boxed{7}6 \times 4 = 304$

⑳ $14 \times \boxed{9} = 126$

㉑ $\boxed{4}2 \times \boxed{8} = 336$

㉒ $\boxed{7}8 \times \boxed{9} = 702$

㉓ $\boxed{8}6 \times \boxed{7} = \boxed{6}02$

㉔ $\boxed{4}7 \times \boxed{9} = \boxed{4}23$

㉕ $4\boxed{7}8 \times \boxed{2} = \boxed{9}56$

㉖ $3\boxed{1}7 \times \boxed{3} = \boxed{9}51$

㉕は、428×2＝856でもよい。

P.15

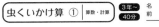

虫くいかけ算 ② 算数・計算

3年〜 40分　名前

❀ 虫くいかけ算のスーパーハイレベル問題《もんだい》です。自しんのある人は、ちょうせんしてみましょう。

①
376
× 8
3008

②
468
× 9
4212

③
867
× 6
5202

④
478
× 9
4302

⑤
668
× 3
2004

⑥
697
× 3
2091

⑦
368
× 6
2208

⑧
716
× 7
5012

⑨
879
× 8
7032

⑩
686
× 6
4116

⑪
278
× 8
2224

⑫
765
× 8
6120

P.16

⑬
459
× 9
4131

⑭
586
× 7
4102

⑮
168
× 6
1008

⑯
667
× 3
2001

⑰
357
× 9
3213

⑱
574
× 7
4018

⑲
813
× 9
7317

⑳
878
× 7
6146

㉑
869
× 3
2607

P.17

田方じんの計算 算数・計算

3年〜 20分　名前

❀ 矢じるしの ↓→↙↘ の方へたします。

	1	2	1+2
	3	4	3+4
2+3	1+3	2+4	1+4

①

	1	2	3
	3	4	7
5	4	6	5

②

	2	3	5
	4	5	9
7	6	8	7

③

	3	4	7
	5	6	11
9	8	10	9

④

	4	5	9
	6	7	13
11	10	12	11

P.18

⑤

	5	6	11
	7	8	15
13	12	14	13

⑥

	6	7	13
	8	9	17
15	14	16	15

⑦

	3	4	7
	7	8	15
11	10	12	11

⑧

	2	4	6
	5	7	12
9	7	11	9

⑨

	2	4	6
	6	8	14
10	8	12	10

⑩

	3	7	10
	5	9	14
12	8	16	12

P.19

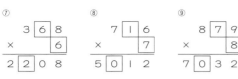

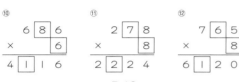

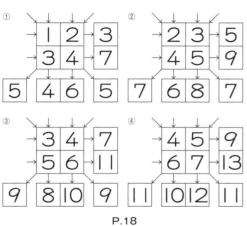

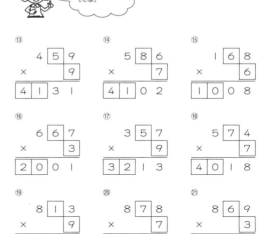

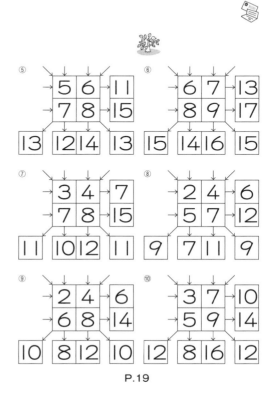

ま方じん（3方じん）　算数・計算

3年～　20分　名前

たてに3つの数をたしても、横《よこ》に3つの数をたしても、ななめに3つの数をたしても15です。
空いている□ に、あてはまる数を書きます。

数が2つわかっている
ところから計算してね。

①

2	9	4	→15
7	5	3	→15
6	1	8	→15

15　15　15　15　15

②

8	3	4	→15
1	5	9	→15
6	7	2	→15

15　15　15　15　15

P.20

③は同じように3つの数をたして18になります。
④は同じように3つの数をたして12になります。
空いている □ にはどんな数が入りますか？

③

5	10	3	→18
4	6	8	→18
9	2	7	→18

18　18　18　18　18

④

1	6	5	→12
8	4	0	→12
3	2	7	→12

12　12　12　12　12

0
これも 使《つか》って！

P.21

□＋□×□＝10　算数・計算

3年～　20分　名前

10になるように、1、2、3、4、5、6、7、8、9から数をえらんで□に書きます。同じ数も使《つか》えます。
・かけ算を先にします。

全部《ぜんぶ》で23問《もん》つくれます。

ヒント　いろいろなやり方があるよ。
かけられる数が「1」だったら、どんなかけ算ができるかな。
□+1×9=10、□+1×8=10…
「1」が終《お》わったら、「2」を入れてみよう。

（れい）

① 1 ＋ 3 × 3 ＝ 10

② 2 ＋ 2 × 4 ＝ 10

③ 3 ＋ 1 × 7 ＝ 10

④ 4 ＋ 2 × 3 ＝ 10

⑤ 5 ＋ 1 × 5 ＝ 10

P.22

□＋□÷□＝10　算数・計算

3年～　20分　名前

10になるように、1、2、3、4、5、6、7、8、9から数をえらんで□に書きます。同じ数も使えます。
・わり算を先にします。

全部で23問つくれます。

ヒント　いろいろなやり方があるよ。
わる数が「1」だったら、どんなわり算ができるかな。□+9÷1=10、□+8÷1=10…
「1」が終《お》わったら、「2」を入れてみよう。

（れい）

① 1 ＋ 9 ÷ 1 ＝ 10

② 2 ＋ 8 ÷ 1 ＝ 10

③ 3 ＋ 7 ÷ 1 ＝ 10

④ 4 ＋ 6 ÷ 1 ＝ 10

⑤ 5 ＋ 5 ÷ 1 ＝ 10

P.23

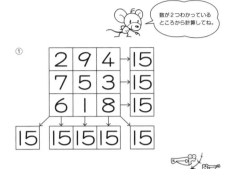

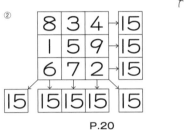

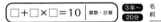

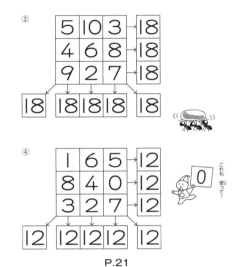

たすと18だ　算数・計算

3年～　20分　名前

8この○には、1、2、3、4、5、6、7、8の数が入ります。円の上の4この数、直線の上の4この数をたすと、どれも18になります。空いている○に数を書き入れます。

①

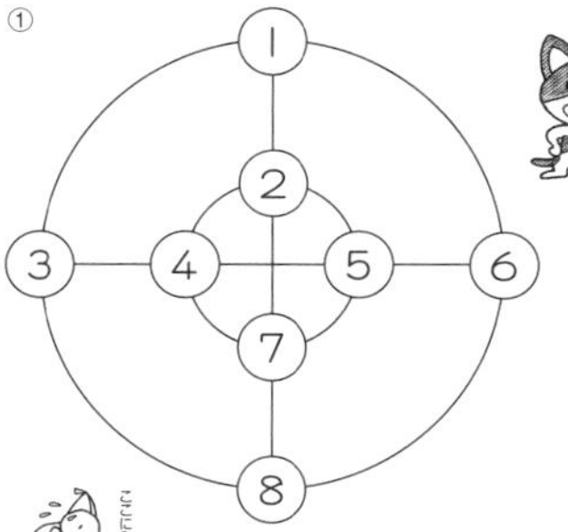
1
2
3
4
5
6
7
8

ヒント
1つ数を入れるとたして「18」になるところから始《はじ》めます。
<れい>
大きい円は
1＋⑥＋8＋3＝18
次《つぎ》に横《よこ》の計算ができます。
3＋④＋5＋⑥＝18

ここに入る数はなんだ?

②

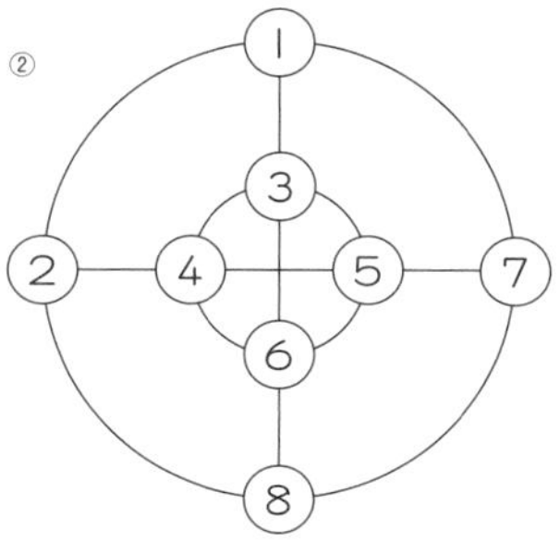
1
3
2
4
5
7
6
8

②からは自分でしてみよう。
2つ○のあるところはあとまわしだよ。

P.24

③

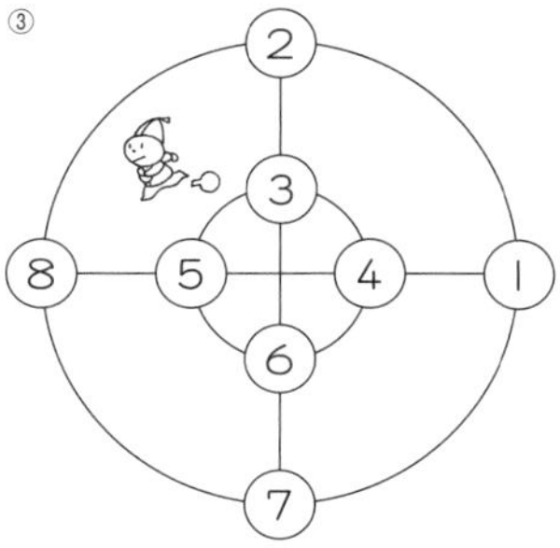
2
3
8
5
4
1
6
7

いっぷく、いっぷく

④

次のたまは
いくつかな?
2
5
4

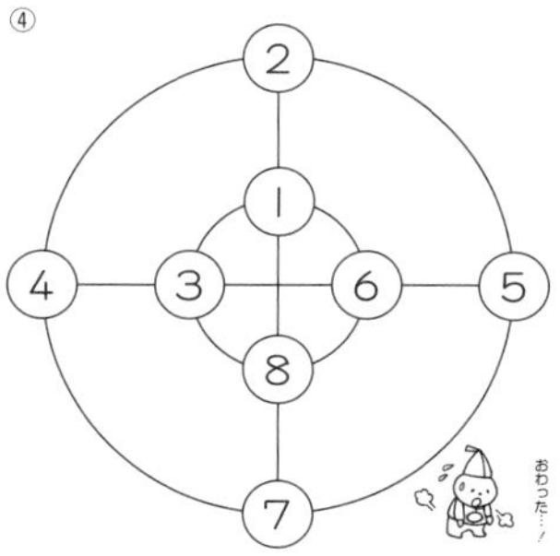
2
1
4
3
6
5
8
7
おわった…!

P.25

をブロックでしきつめる　算数・図形

3年～　20分　名前

にブロックをしきつめます。
1 を1こ、（赤色にぬる）
2 を1こ（黄色にぬる）
4 か か か を
1こ（青色にぬる）使《つか》います。

8通りできたら
合かく！
12通りできたら
名人！
14通りできたら天才！

(れい)

①

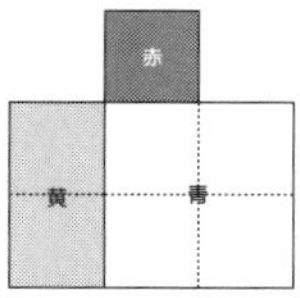
赤
黄
青

②

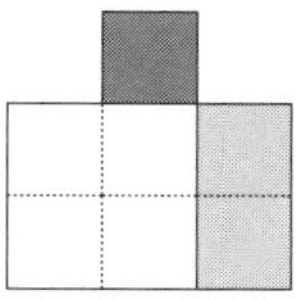

③

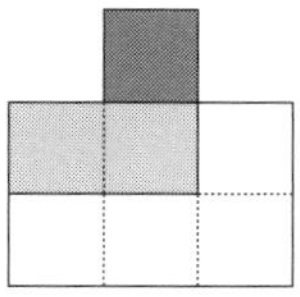

④

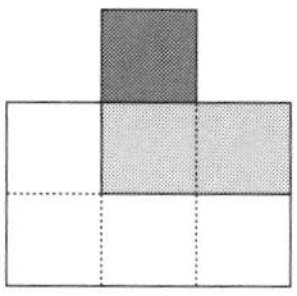

⑤

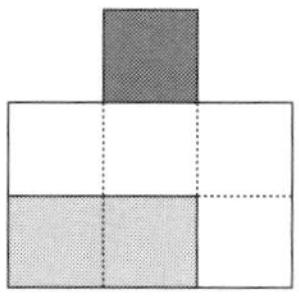

⑥

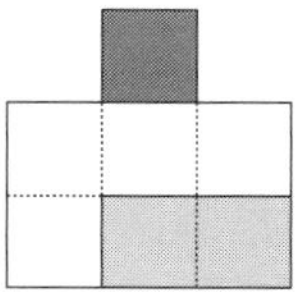

P.26

⑦

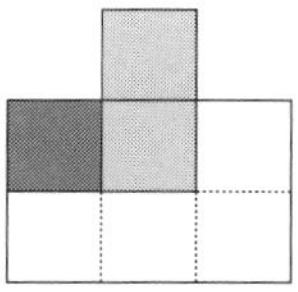

⑧

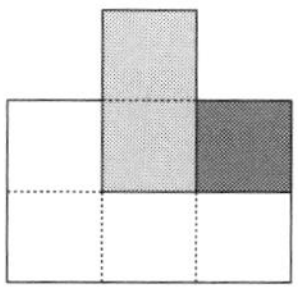

⑨

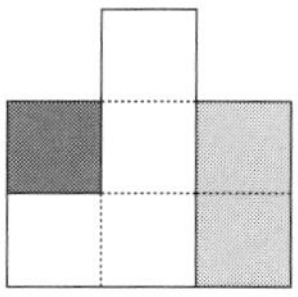

⑩

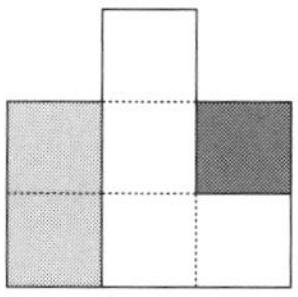

⑪

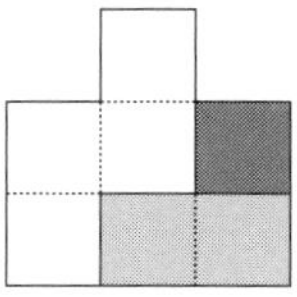

⑫

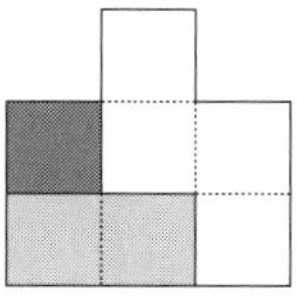

⑬

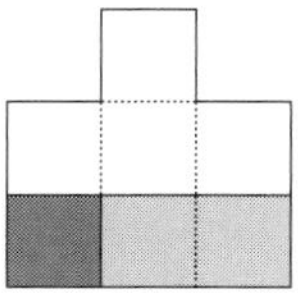

できた!

⑭

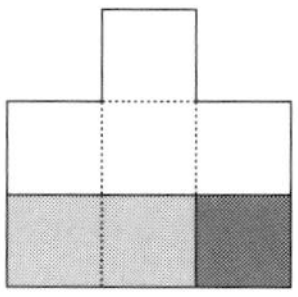

P.27

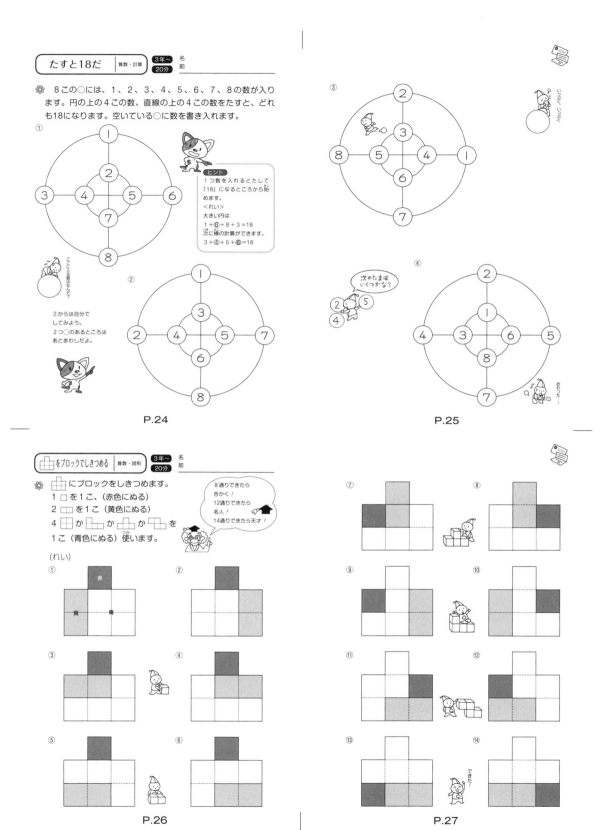

をブロックでしきつめる　算数・図形

3年～　20分　名前

にブロックをしきつめます。

を1こ（赤色にぬる）、

を1こ（黄色にぬる）、

か　か　か　を

1こ（青色にぬる）使《つか》います。

（れい）

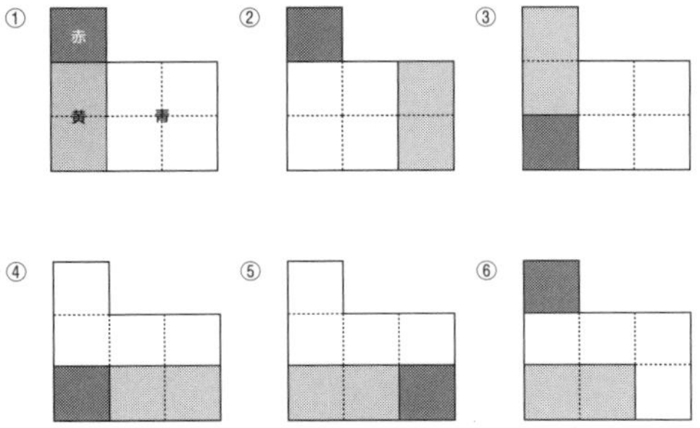

P.28

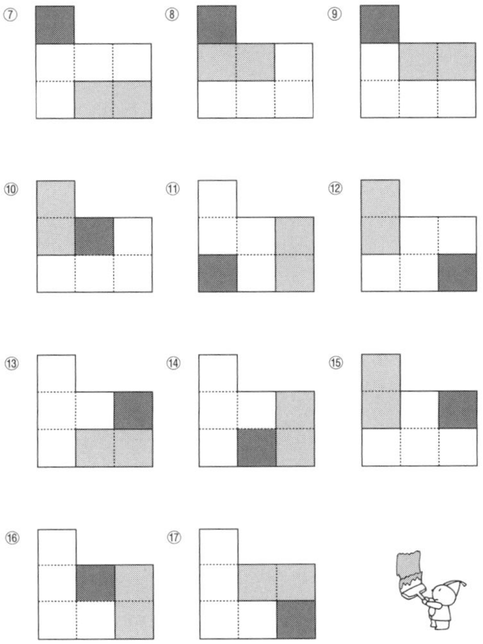

P.29

場所《ばしょ》はどこかな？　算数・その他

3年～　20分　名前

① あきらさんの左どなり　（ペンギン）

② ゴリラの右どなり　（かえる）

③ ５階の右はし　（きりん）

④ ２階の左はし　（くま）

⑤ しかの左下　（いたち）

⑥ うさぎの右下　（ゴリラ）

⑦ さるの２階上で、右から３番め　（ぞう）

⑧ たぬきの３階上で、左から２番め　（うさぎ）

⑨ ねこの２階下で、右から２番め　（たぬき）

⑩ さるの２階下で、左から２番め　（きつね）

P.30, 31

同じマークをむすぶ　算数・その他

3年～　20分　名前

（れい）

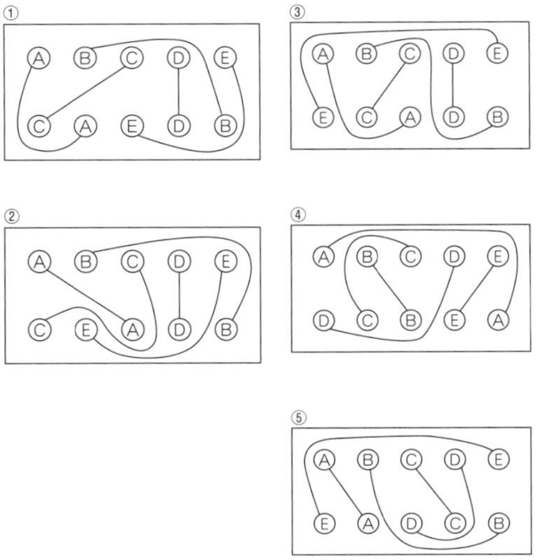

P.32, 33

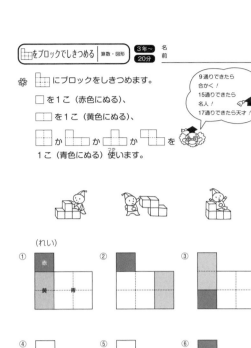

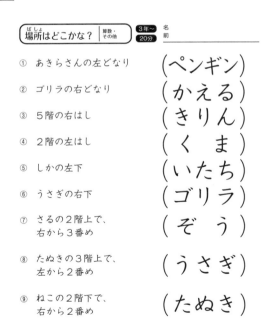

面積《せき》1の形づくり　算数・図形

4年～　40分　名前

[1] 面積1の形をつくりましょう。•と•を直線で結《むす》んでつくります。8種類《しゅるい》つくれたら、パズル賞《しょう》！

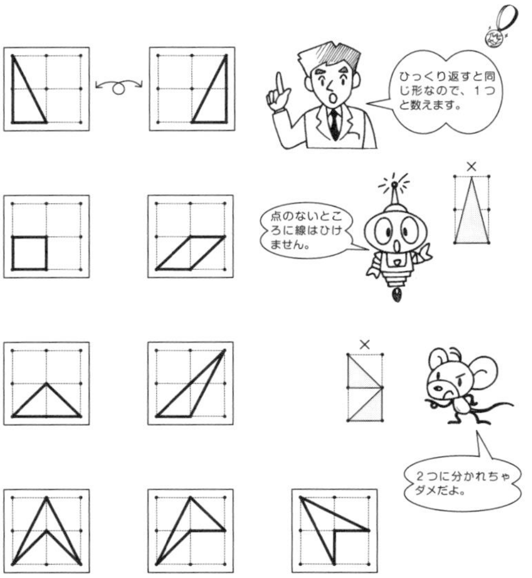

ひっくり返すと同じ形なので、1つと数えます。
点のないところに線はひけません。
×
×
2つに分かれちゃダメだよ。

P.34

[2] 面積1.5の形にもチャレンジしましょう。10種類つくれたらすごい！　15種類つくれたら、パズル賞！

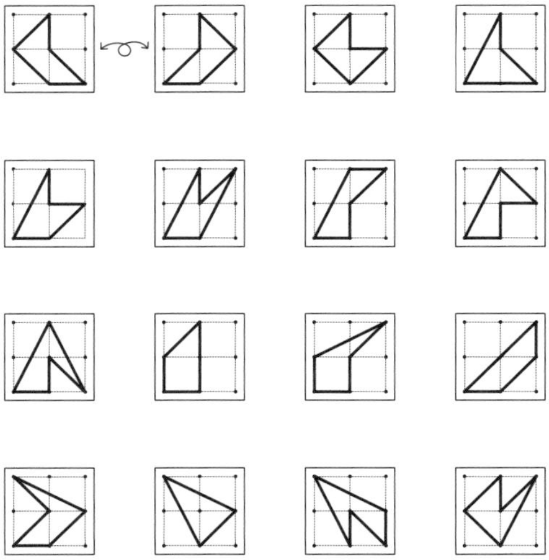

チャレンジ！

方がんのノートを使って、面積2の形にもチャレンジしてみましょう。

P.35

点をかこんで面積《せき》を…　算数・図形

4年～　40分　名前

[1] 点が1㎝かんかくで、9点あります。

(1) •と•を直線で結《むす》んで、真ん中の・をかこみましょう。

(2) •（点）をかこんだ形の面積を求《もと》めましょう。

動かしたりして重なる形は、1種類《しゅるい》と数えます。

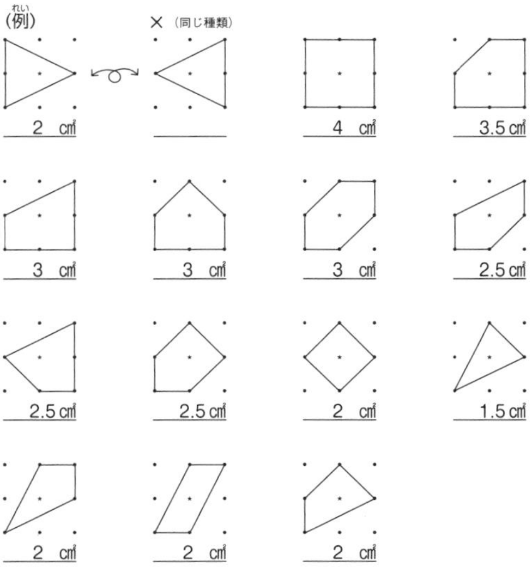

(例《れい》)
×（同じ種類）
2 ㎠
4 ㎠
3.5 ㎠
3 ㎠
3 ㎠
3 ㎠
2.5 ㎠
2.5 ㎠
2.5 ㎠
2 ㎠
1.5 ㎠
2 ㎠
2 ㎠
2 ㎠

P.36

[2] 点が同じかんかくで、12点あります。

•と•を直線で結んで、中の2つの・をかこみましょう。三角形か四角形でかこみます。動かして重なる形は、1種類と数えます。

[1] [2]ともに6種類できたらパズル賞《しょう》！

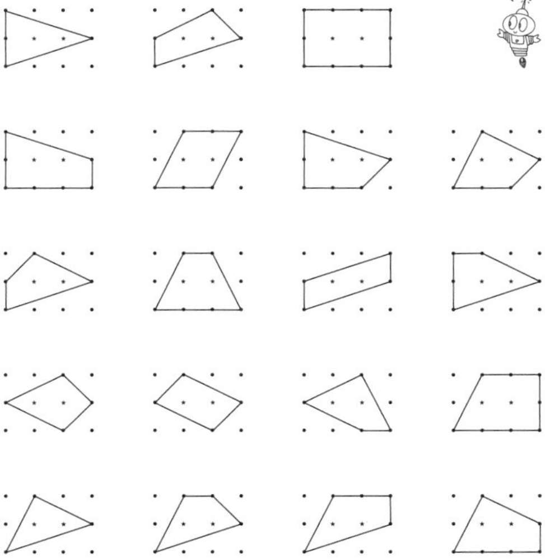

P.37

たたみをしく

算数・図形　4年〜　40分　名前

✿ たたみ１まいは、正方形２つの辺《へん》どうしをあわせた形です。

たたみ２まいの長い辺どうしをあわせると、正方形。これを２じょうといいます。

[1] 4じょう

4まいのしき方を考えましょう。

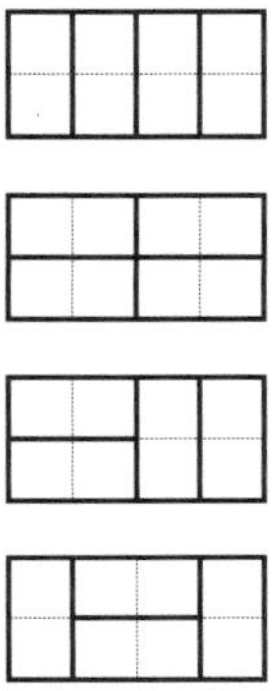

[2] 5じょう

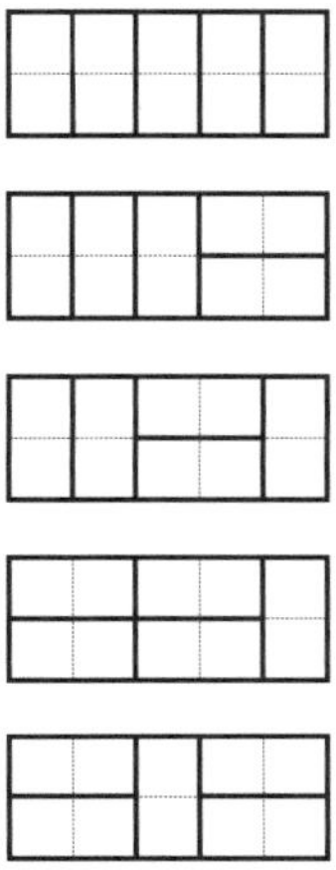

[3] 6じょう

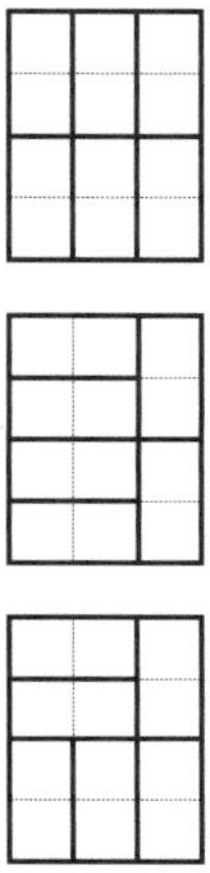

P.38

[4] 8じょう

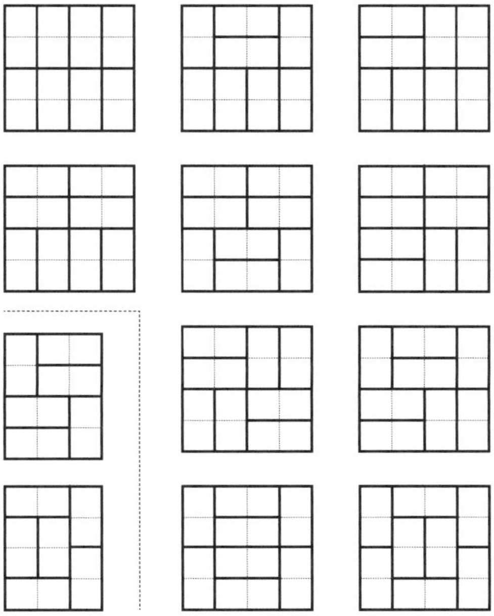

P.39

三角形をさがそう

算数・図形　4年〜　40分　名前

✿ 三角形を見つけましょう。

[1] 下の図の中にある正三角形を見つけて、それがどこにあるかわかるようにかき表しましょう。かけたら色をぬりましょう。

正三角形の大きさは、３種《しゅ》類《るい》あるよ。小さい方から、さがしてみよう。
一番小さいのはコレだ！

1つのワクに1つずつかきます。

P.40

[2] 右の図の中にある三角形を見つけて、それがどこにあるかわかるようにかき表しましょう。かけたら色をぬりましょう。

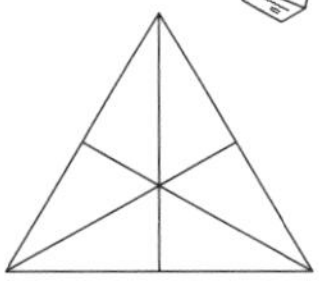

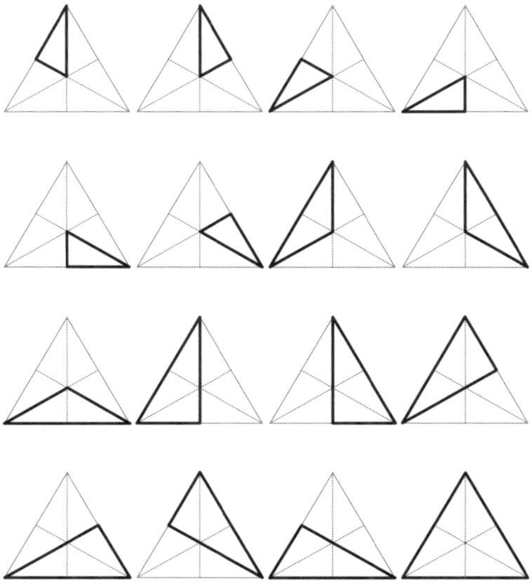

P.41

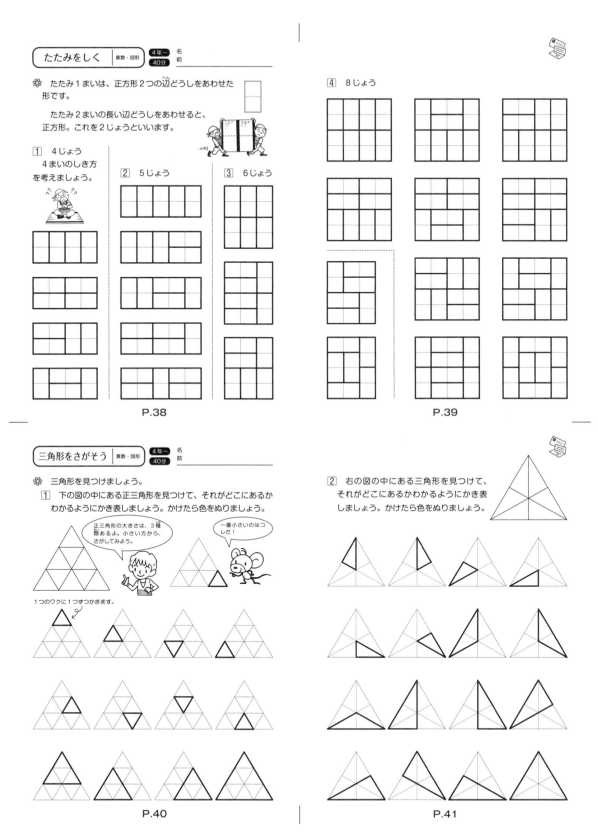

四角形をさがそう　算数・図形

4年～　40分

名前

❀ 四角形を見つけましょう。

◎ 右の図の中にある平行四辺形《へいこうしへんけい》、台形を見つけて、その形がどこにあるかを、わかるようにかき表しましょう。

下の《正方形の場合》のようにかき表します。早くできたときは、形に色をぬりましょう。

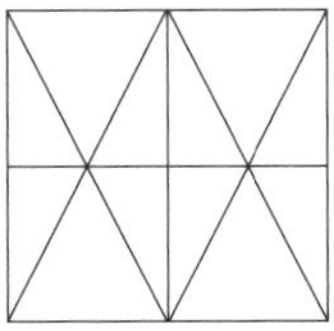

《正方形の場合》

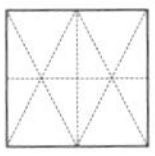

この図の中にある正方形は、次のようにかき表します。

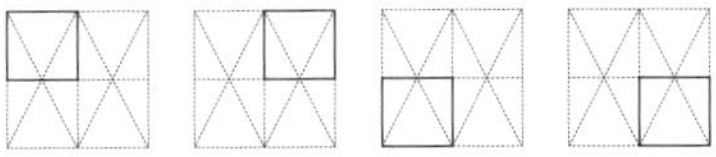

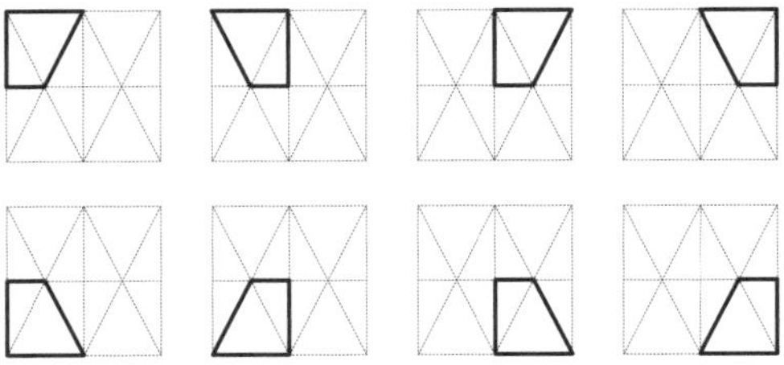

P.42

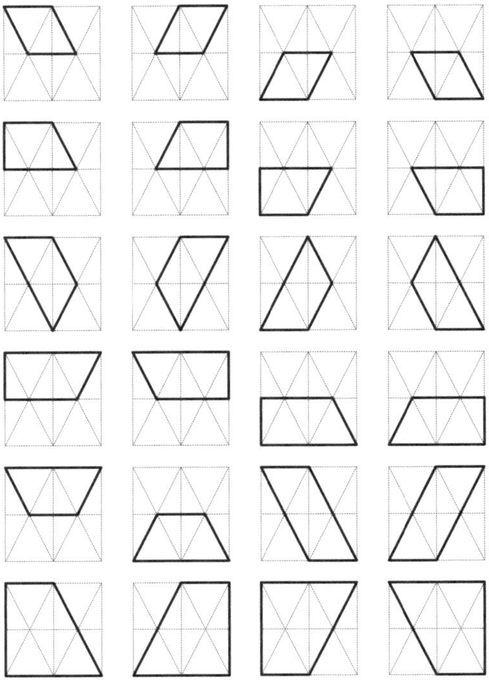

P.43

数字をならべると　算数・計算

4年～　40分

名前

❀ それぞれの辺《へん》の数の和が同じになるようにしましょう。○の中に書く数字は、1、2、3、4、5、6です。

1 辺の数の和は、9です。

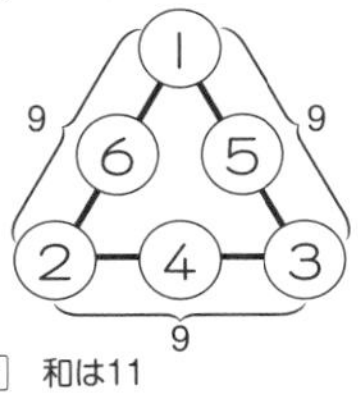

2 和は10

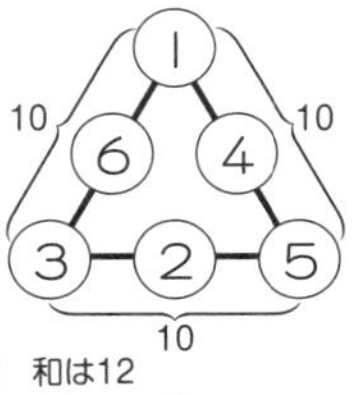

3 和は11

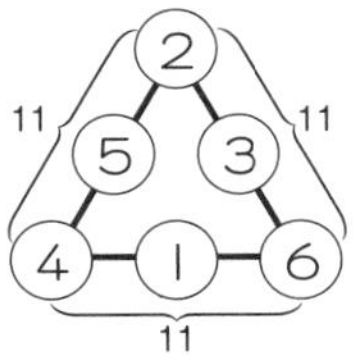

4 和は12

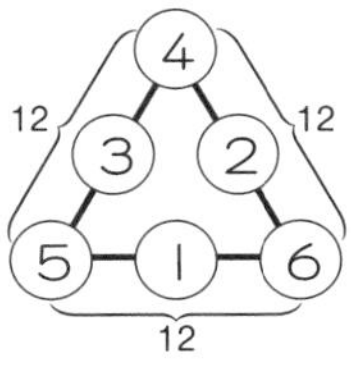

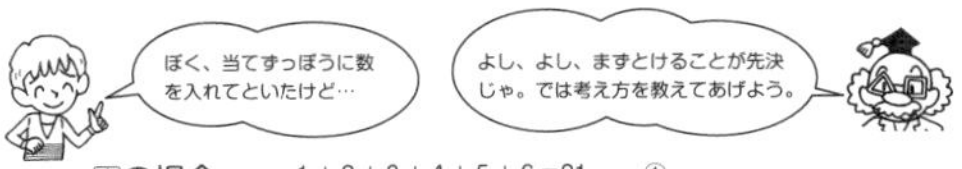

1の場合

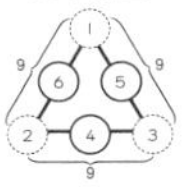

1＋2＋3＋4＋5＋6＝21 ……①

9×3＝27 ……②

1から6まで入れる数を全部たしても21なのに、1のように数を入れて、辺どうしたすと、9＋9＋9＝27 になる。これは○を2回ずつたしているからだ。だから○には 27－21＝6 で、○を3つたして6になる数字が入る。

3つの角の数字が決まればあとはできる！

P.44

答えは、例《れい》です。

チャレンジ！ 1 和は17

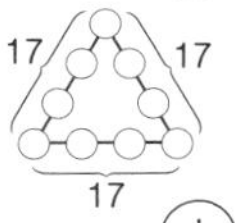

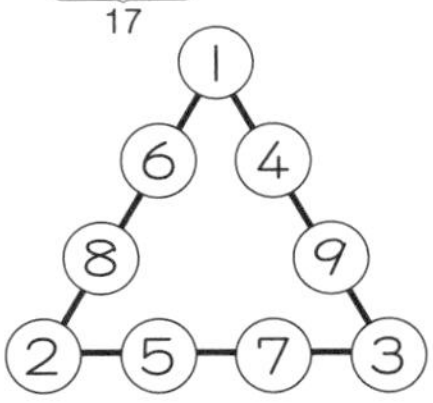

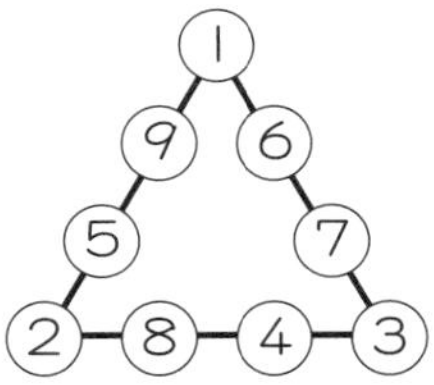

チャレンジ！ 2 和は19

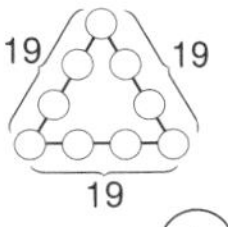

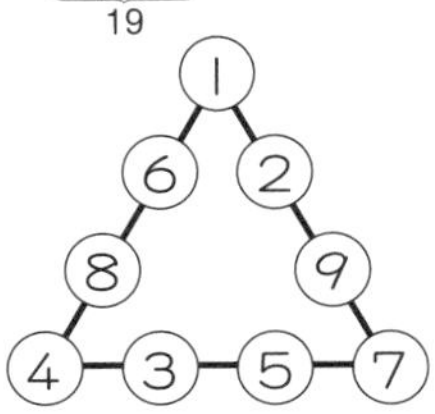

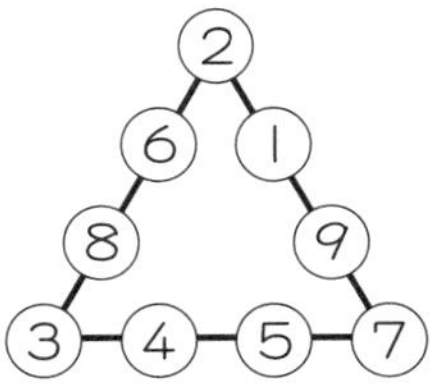

P.45

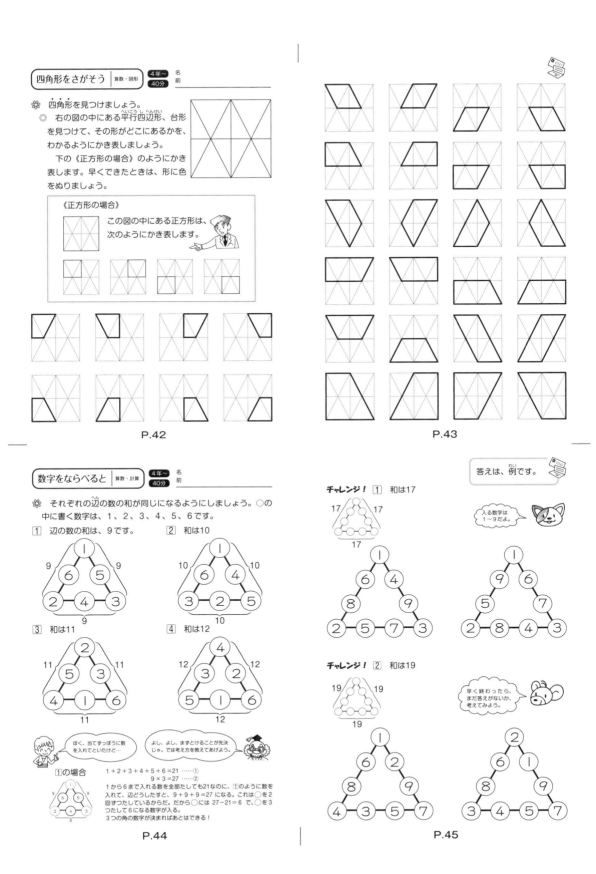

虫くいひき算だが…　算数・計算

4年～　40分　名前

❀　となり合う2つの数をくらべて、大きい方から小さい方をひきます。その答えを下のマスに書きます。

6マスうまったら、上から下へけん算《ざん》してみましょう。

（例《れい》）

6　7　㋐5　㋑3
㋒1（7−6）　2　2
1　0（2−2）
1

㋐7－□＝2
㋑5－□＝2
㋒7－6＝1

①
6　7　9　11
1（7−6）　2　2
1　0（2−2）
1

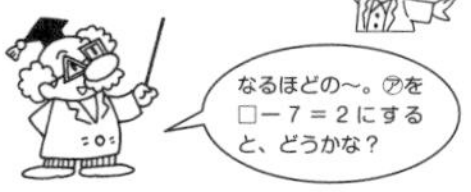

②
5　9　16　9
4　7　7
3　0
3

③
10　9　4　7
1　5　3
4　2
2

④
6　11　9　16
5　2　7
3　5
2

⑤
13　8　9　6
5　1　3
4　2
2

P.46

答えは、例です。

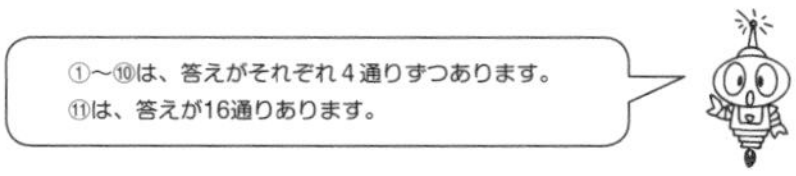

⑥
13　4　10　7
9　6　3
3　3
0

⑦
2　7　0　10
5　7　10
2　3
1

⑧
6　12　8　3
6　4　5
2　1
1

⑨
0　7　11　5
7　4　6
3　2
1

⑩
8　4　3　5
4　1　2
3　1
2

⑪
8　9　14　11
1　5　3
4　2
2

P.47

虫くいかけ算 ①　算数・計算

4年～　40分　名前

❀　□に、あてはまる数を書きましょう。

（例《れい》）①　$\begin{array}{r} 4\,\boxed{㋐} \\ \times\ \ 2 \\ \hline 8\,6 \end{array}$　2×㋐＝6だから、㋐＝3になります。

（例）②　$\begin{array}{r} 2\,\boxed{㋑} \\ \times\ \ \boxed{㋐} \\ \hline 6\,9 \end{array}$　①㋐×2＝6だから、㋐＝3。②3×㋑＝9だから、㋑＝3。

① $\begin{array}{r} \boxed{2}\,4 \\ \times\ \ 2 \\ \hline 4\,8 \end{array}$　② $\begin{array}{r} 3\,1 \\ \times\ \ \boxed{3} \\ \hline 9\,3 \end{array}$　③ $\begin{array}{r} \boxed{2}\,1 \\ \times\ \ 4 \\ \hline 8\,4 \end{array}$　④ $\begin{array}{r} 3\,\boxed{4} \\ \times\ \ 2 \\ \hline 6\,8 \end{array}$

⑤ $\begin{array}{r} 3\,\boxed{2} \\ \times\ \ \boxed{2} \\ \hline 6\,4 \end{array}$　⑥ $\begin{array}{r} 1\,\boxed{3} \\ \times\ \ \boxed{3} \\ \hline 3\,9 \end{array}$　⑦ $\begin{array}{r} \boxed{1}\,2 \\ \times\ \ \boxed{4} \\ \hline 4\,8 \end{array}$　⑧ $\begin{array}{r} \boxed{2}\,3 \\ \times\ \ \boxed{3} \\ \hline 6\,9 \end{array}$

⑨ $\begin{array}{r} \boxed{2}\,5 \\ \times\ \ 3 \\ \hline 7\,5 \end{array}$　⑩ $\begin{array}{r} 1\,\boxed{9} \\ \times\ \ 4 \\ \hline 7\,6 \end{array}$　⑪ $\begin{array}{r} 1\,8 \\ \times\ \ \boxed{5} \\ \hline 9\,0 \end{array}$　⑫ $\begin{array}{r} 1\,\boxed{5} \\ \times\ \ \boxed{5} \\ \hline 7\,5 \end{array}$

P.48

⑬ $\begin{array}{r} 2\,\boxed{7} \\ \times\ \ \boxed{3} \\ \hline 8\,1 \end{array}$　⑭ $\begin{array}{r} \boxed{1}\,3 \\ \times\ \ \boxed{7} \\ \hline 9\,1 \end{array}$

⑮ $\begin{array}{r} \boxed{7}\,6 \\ \times\ \ 4 \\ \hline 3\,0\,4 \end{array}$　⑯ $\begin{array}{r} 6\,\boxed{8} \\ \times\ \ 6 \\ \hline 4\,0\,8 \end{array}$　⑰ $\begin{array}{r} 1\,4 \\ \times\ \ \boxed{9} \\ \hline 1\,2\,6 \end{array}$　⑱ $\begin{array}{r} \boxed{4}\,2 \\ \times\ \ \boxed{8} \\ \hline 3\,3\,6 \end{array}$

⑲ $\begin{array}{r} \boxed{5}\,4 \\ \times\ \ \boxed{7} \\ \hline 3\,7\,8 \end{array}$　⑳ $\begin{array}{r} \boxed{7}\,3 \\ \times\ \ \boxed{6} \\ \hline 4\,3\,8 \end{array}$　㉑ $\begin{array}{r} \boxed{8}\,6 \\ \times\ \ \boxed{7} \\ \hline \boxed{6}\,0\,2 \end{array}$　㉒ $\begin{array}{r} \boxed{6}\,9 \\ \times\ \ \boxed{9} \\ \hline \boxed{6}\,2\,1 \end{array}$

㉓ $\begin{array}{r} \boxed{4}\,7 \\ \times\ \ \boxed{7} \\ \hline \boxed{3}\,2\,9 \end{array}$　㉔ $\begin{array}{r} \boxed{3}\,9 \\ \times\ \ \boxed{3} \\ \hline \boxed{1}\,1\,7 \end{array}$　㉕ $\begin{array}{r} \boxed{1}\,3\,2 \\ \times\ \ \boxed{4} \\ \hline 5\,2\,8 \end{array}$

㉖ $\begin{array}{r} 1\,4\,\boxed{8} \\ \times\ \ 6 \\ \hline \boxed{8}\,8\,8 \end{array}$　㉗ $\begin{array}{r} 2\,\boxed{8}\,6 \\ \times\ \ \boxed{3} \\ \hline \boxed{8}\,5\,8 \end{array}$

P.49

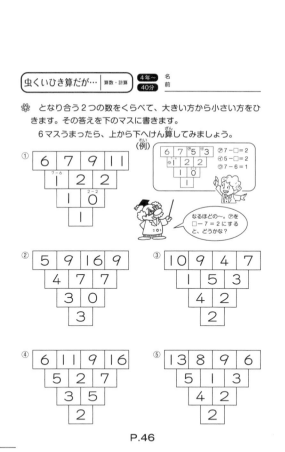

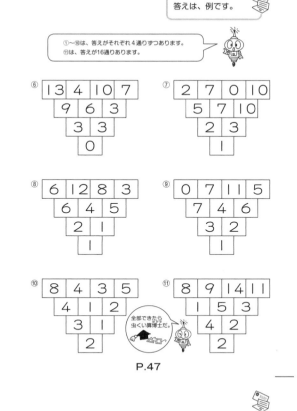

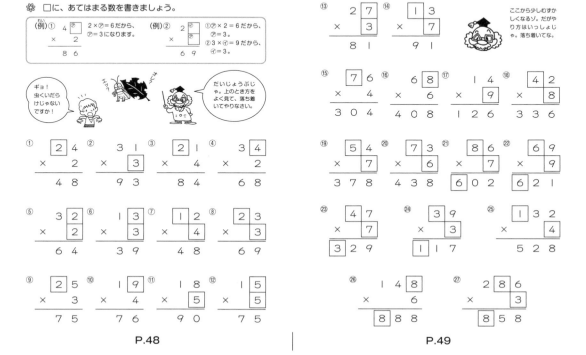

虫くいかけ算 ② ｜算数・計算

4年〜 40分 名前

❀ それぞれの□にあてはまる数を書きましょう。

《虫くいかけ算のとき方》

  ㊁6 7
× ㊅2 ㊂8
 ㋔列→ 5 3 ㊀6
□ 3 4
□ 8 □ ㋐6

❶ ㋐が6だから、㋑は6ですね。

❷ ㋒×7の答えの一の位《くらい》が6になるのは、8×7=56しかありません。だから㋒は8。

❸ つぎに、㋓に入る数を考えます。㋓=7とすると、77×8=616なので、㋔列の答えと合いません。㋓=6とすると、㋔列は536で、問題と合います。(㋓=5では少なすぎます。)。

❹ 今度は、㋕に入る数を考えます。❷と同じように考えると、㋕は2になります。

❺ あとは、順《じゅん》に計算しましょう。

博士《はかせ》〜！
すごい虫くい！
助けて〜！

なかなか手ごわいの〜
❸がポイントじゃな。ここに思い切って予想して数を入れてみることじゃ。

①
47
×65
235
282
3055

②
46
×76
276
322
3496

③
74
×76
444
518
5624

P.50

④
76
×36
456
228
2736

⑤
79
×84
316
632
6636

⑥
97
×28
776
194
2716

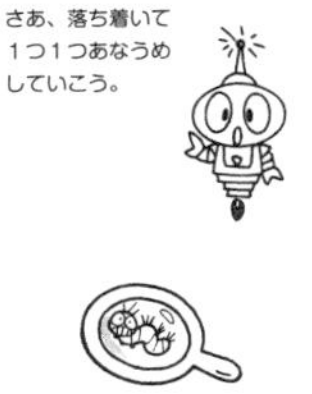

さあ、落ち着いて
1つ1つあなうめ
していこう。

⑦
48
×36
288
144
1728

⑧
49
×67
343
294
3283

⑨
28
×76
168
196
2128

⑩
73
×97
511
657
7081

⑪
39
×93
117
351
3627

⑩は、83×97=8051でもよい。

P.51

虫くいかけ算 ③ ｜算数・計算

4年〜 40分 名前

❀ それぞれの□にあてはまる数を書きましょう。

《虫くいかけ算のとき方》

  ㋒2 ㋑7
× 7 ㋕9
 2 □ ㋔3
□ 8 9←㋐列
□ 1 □ ㋓3

❶ ㋐列の数を見て考えていきます。7×㋑の答えの一の位《くらい》が9になるのは、㋑が7のときだけです。

❷ 続《つづ》けて、㋒にあてはまる数を考えます。㋑の7×7=49、4+○=8ですから、7×㋒の答えの一の位が4になる数です。㋒には2が入ります。

❸ 次に、㋓から、㋔は3だとわかります。

❹ 今度は、㋕に入る数を考えます。❶と同じように考えると、㋕×7の答えの一の位が3になるのは9です。

❺ あとは、順《じゅん》に計算しましょう。

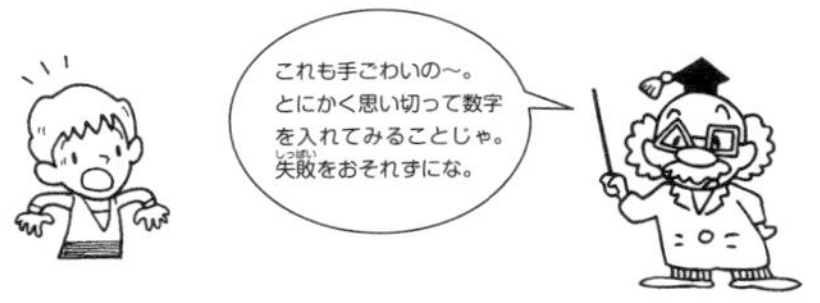

これも手ごわいの〜。
とにかく思い切って数字を入れてみることじゃ。
失敗《しっぱい》をおそれずにな。

①
36
×84
144
288
3024

②
42
×76
252
294
3192

③
49
×87
343
392
4263

P.52

④
76
×87
532
608
6612

⑤
34
×93
102
306
3162

⑥
45
×97
315
405
4365

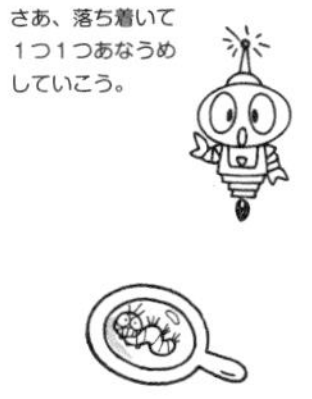

さあ、落ち着いて
1つ1つあなうめ
していこう。

⑦
79
×48
632
316
3792

⑧
98
×35
490
294
3430

⑨
87
×83
261
696
7221

⑩
29
×48
232
116
1392

⑪
67
×69
603
402
4623

P.53

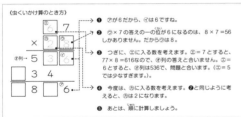

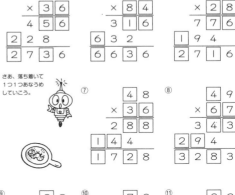

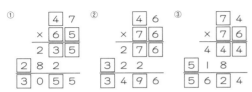

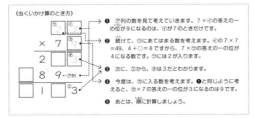

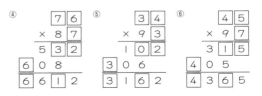

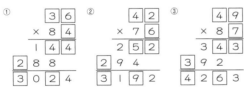

3けたの数の3つの数字 ① | 算数・計算 | 4年～ 40分 | 名前

(例《れい》)

① 345 → 3+4+5=12
345÷3=115

② 255 → 2+5+5=12
255÷3=85

③ 336 → 3+3+6=12
336÷3=112

④ 246 → 2+4+6=12
246÷3=82

⑤ 354 → 3+5+4=12
354÷3=118

⑥ 525 → 5+2+5=12
525÷3=175

⑦ 363 → 3+6+3=12
363÷3=121

⑧ 642 → 6+4+2=12
642÷3=214

P.54, 55

3けたの数の3つの数字 ② | 算数・計算 | 4年～ 40分 | 名前

(例)

① 468 → 4+6+8=18
468÷9=52

② 477 → 4+7+7=18
477÷9=53

③ 567 → 5+6+7=18
567÷9=63

④ 576 → 5+7+6=18
576÷9=64

⑤ 486 → 4+8+6=18
486÷9=54

⑥ 648 → 6+4+8=18
648÷9=72

⑦ 774 → 7+7+4=18
774÷9=86

⑧ 747 → 7+4+7=18
747÷9=83

P.56, 57

9点を結《むす》ぶもようづくり | 算数・作図 | 4年～ 40分 | 名前

9つの点を結んでもようをつくりましょう。（・は残《のこ》しません）

①折《お》れ線1本のもよう ②折れ線2本のもよう ③折れ線3本以上のもよう

④広さのあるもよう ⑤広さと直線のもよう

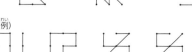

(例《れい》)

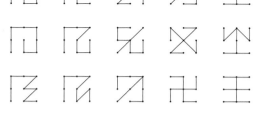

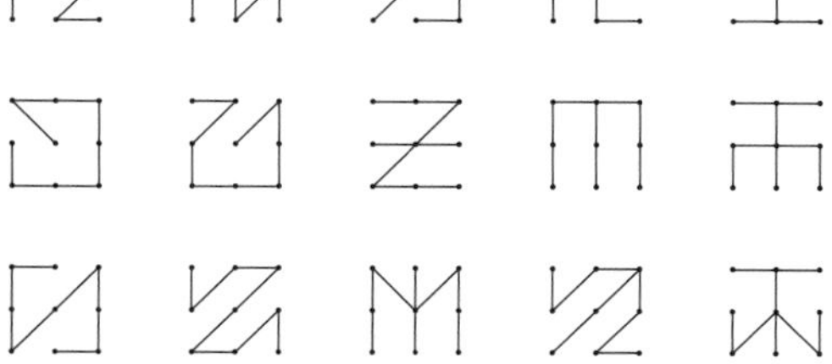

P.58

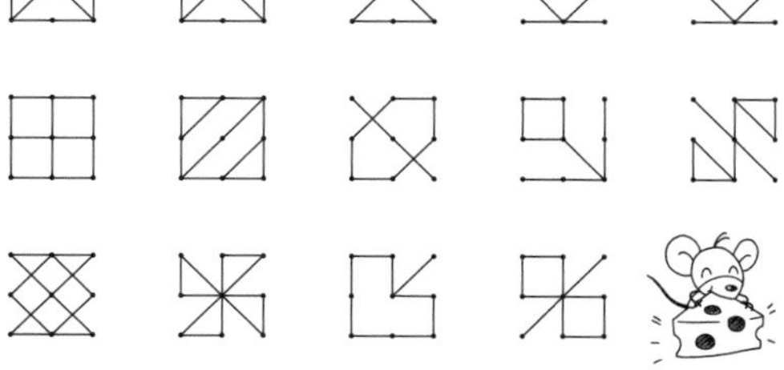

P.59

立方体の展開図《てんかいず》 ①　算数・作図

4年～　40分　名前

✿ 立方体の展開図は、全部で11種類《しゅるい》あります。
11種類のうちの２種類は下の図です。残《のこ》りの９種類をかきましょう。

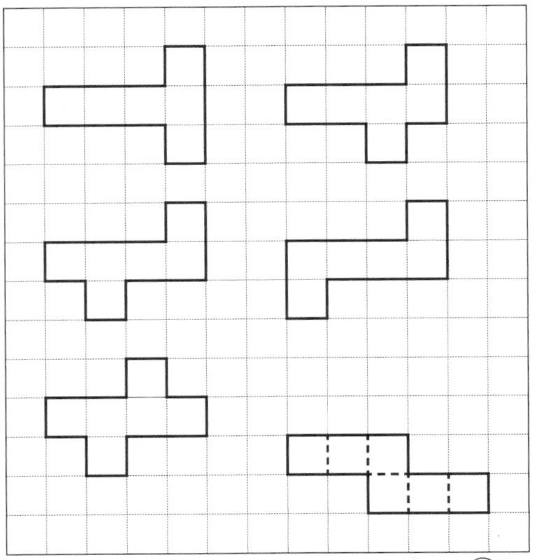

立方体は、さいころの形だよ。

P.60

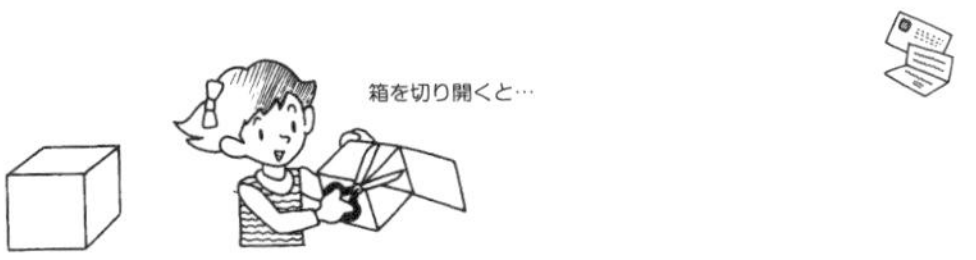
箱を切り開くと…

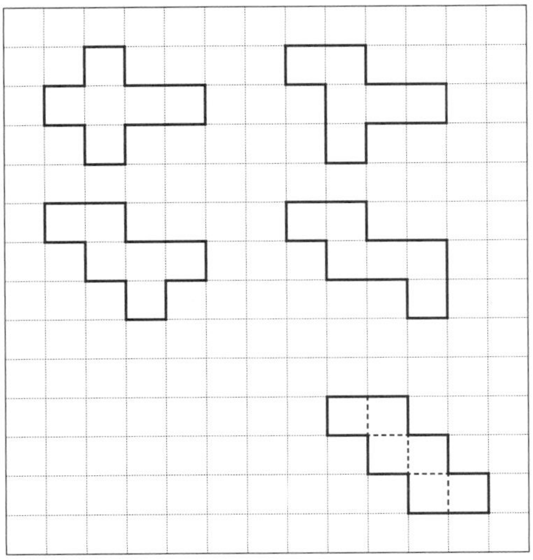

◎ かけたら、さいころの目を１、２、３、４、５、６の数で書きましょう。
さいころの平行な面の数は、１と６、２と５、３と４です。

P.61

立方体の展開図《てんかいず》 ②　算数・作図

4年～　40分　名前

✿ 立方体の展開図は、全部で11種類《しゅるい》です。

1 組み立てたときに平行になる面に、同じ色をぬりましょう。

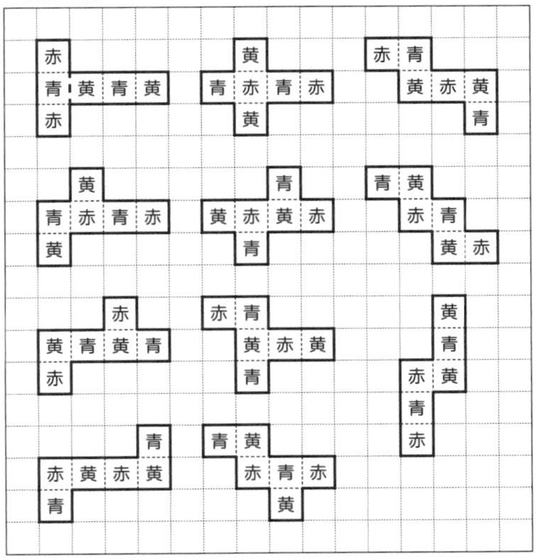
赤
青 黄 青 黄
赤
黄
青 赤 青 赤
黄
赤 青
黄 赤 黄
青
黄
青 赤 青 赤
黄
青
黄 赤 黄 赤
青
青 黄
赤 青
黄 赤
赤
黄 青 黄 青
赤
赤 青
黄 赤 黄
青
黄
青
赤 黄
青
赤
青
赤 黄 赤 黄
青
青 黄
赤 青 赤
黄

P.62

さいころの目は例《れい》です。

2 1の展開図をかきうつしましょう。その展開図にさいころの目を、１、２、３、４、５、６で書きましょう。

1
2
3
さいころの平行な面の数は、１と６、２と５、３と４だよ。

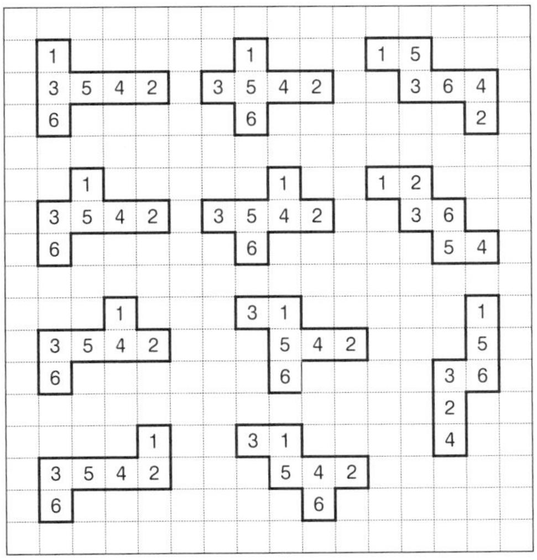
1
3 5 4 2
6
1
3 5 4 2
6
1 5
3 6 4
2
1
3 5 4 2
6
1
3 5 4 2
6
1 2
3 6
5 4
1
3 5 4 2
6
3 1
5 4 2
6
1
5
3 6
2
4
1
3 5 4 2
6
3 1
5 4 2
6

P.63

立方体の展開図《てんかいず》 ③ 算数・作図

4年～ 40分 名前

❁ ふたのない立方体の箱（面は５つ）の展開図をかきましょう。
８種類《しゅるい》あります。あと７種類をかきましょう。

P.64

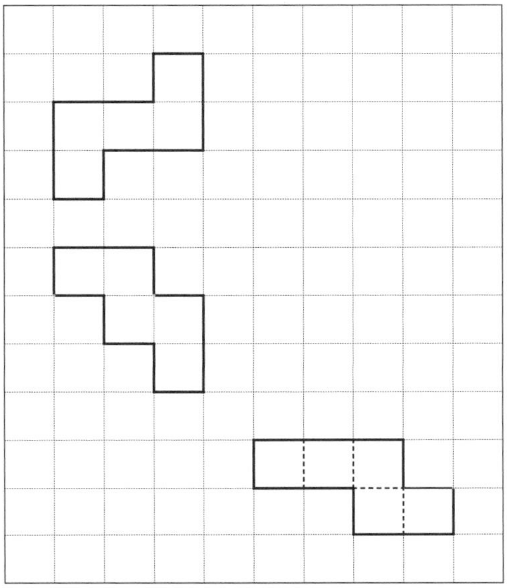

P.65

「一」のつくじゅく語 国語・言葉

3年～ 40分 名前

読みがな

一円《いちえん》　一名《いちめい》　一時《いちじ》　一周《いっしゅう》　一読《いちどく》　一見《いっけん》　一生《いっしょう》　一手《いって》
一家《いっか》　一角《いっかく》　一番《いちばん》　一門《いちもん》　一夜《いちや》　一理《いちり》　一員《いちいん》　一心《いっしん》
一新《いっしん》　一線《いっせん》　一体《いったい》　一歩《いっぽ》　一路《いちろ》　一方《いっぽう》　一向《いっこう》　一族《いちぞく》
一代《いちだい》　一考《いっこう》　一身《いっしん》　一世《いっせい》　一度《いちど》　一部《いちぶ》　一味《いちみ》　一定《いってい》
一転《いってん》　一筆《いっぴつ》　一命《いちめい》　一面《いちめん》　一様《いちよう》　一流《いちりゅう》　一服《いっぷく》　一式《いっしき》

意味

一行《いっこう》：つれだっていく仲間。
一首《いっしゅ》：短歌《たんか》のかぞえかたで、一つの短歌。
一礼《いちれい》：かるくおじぎをすること。

P.66, 67

「大」のつくじゅく語 国語・言葉

3年～ 40分 名前

読みがな

大手《おおて》　大手《おおで》　大雨《おおあめ》　大会《たいかい》　大水《おおみず》　大王《だいおう》　大学《だいがく》　大小《だいしょう》
大名《だいみょう》　大工《だいく》　大火《たいか》　大気《たいき》　大金《たいきん》　大木《たいぼく》　大家《たいか》　大家《おおや》
大麦《おおむぎ》　大方《おおかた》　大形《おおがた》　大空《おおぞら》　大体《だいたい》　大地《だいち》　大分《だいぶ》　大黒《だいこく》
大根《だいこん》　大海《たいかい》　大国《たいこく》　大作《たいさく》　大使《たいし》　大食《たいしょく》　大切《たいせつ》　大半《たいはん》
大安《たいあん》　大意《たいい》　大病《たいびょう》　大役《たいやく》　大勝《たいしょう》　大物《おおもの》　大事《おおごと》　大事《だいじ》

意味

大手《おおて》：左右に大きくひろげた手。
大意《たいい》：だいたいの意味。　大分《だいぶ》：かなり、だいぶん。

「水」のつくじゅく語 国語・言葉

3年～ 40分 名前

読みがな

水門《すいもん》　水草《みずくさ》　水気《みずけ》　水虫《みずむし》　大水《おおみず》　水鳥《みずどり》　水色《みずいろ》　水着《みずぎ》
水牛《すいぎゅう》　水柱《みずばしら》　雨水《あまみず》　水引《みずひき》　湯水《ゆみず》　水上《すいじょう》　水中《すいちゅう》　水田《すいでん》
水力《すいりょく》　下水《げすい》　出水《しゅっすい》　上水《じょうすい》　水銀《すいぎん》　水星《すいせい》　水道《すいどう》　水分《すいぶん》
海水《かいすい》　行水《ぎょうずい》　用水《ようすい》　水泳《すいえい》　水温《すいおん》　水死《すいし》　水深《すいしん》　水平《すいへい》
水流《すいりゅう》　水路《すいろ》　温水《おんすい》　湖水《こすい》　進水《しんすい》　放水《ほうすい》　水火《すいか》　水車《すいしゃ》《みずぐるま》

意味

水深《すいしん》：川・海などの水の深さ。　湖水《こすい》：湖または湖の水。
水玉《みずたま》：まるくたまになった水のしずく。小さい円をちらしたようなもよう。

P.68, 69, 70, 71

さかだちじゅく語 ①　国語・言葉　3年～　40分　名前

女子《じょし》：女の子。女の人。
子女《しじょ》：女の子。むすめ。むすことむすめ。子ども。
空中《くうちゅう》：地上からはなれた上のほう。
中空《ちゅうくう》：空の中ほど。中がからであること。
名人《めいじん》：うでまえのすぐれた人。
人名《じんめい》：人の名前。
水上《すいじょう》：水の上。
上水《じょうすい》：飲《の》み水になる水。
水着《みずぎ》：泳ぐときに着る服《ふく》。
着水《ちゃくすい》：空中から水面におりること。
下落《げらく》：もののねだんやねうちが下がること。
落下《らっか》：高いところから落《お》ちること。

P.72, 73

さかだちじゅく語 ②　国語・言葉　3年～　40分　名前

下地《したじ》：物事《ものごと》のきそ。生まれつきのせいしつ。
地下《ちか》：地面《めん》の下。死んだ人の行くあの世。
野原《のはら》：草などが生えた広々とした平らな土地。
原野《げんや》：人の手の入っていない広い野原。
年長《ねんちょう》：年が上であること。年上。
長年《ながねん》：長い年月。
心中《しんちゅう》：心の中。心の思い。
中心《ちゅうしん》：まん中。物事の一番大事《じ》なこと。
身長《しんちょう》：せの高さ。
長身《ちょうしん》：せが高いこと。
相手《あいて》：物事をいっしょにするときの、もう一方のひと。
手相《てそう》：手のひらのすじや形のようす。

P.74, 75

漢字《かんじ》のクロス ①　国語・漢字　3年～　20分　名前

明・方・万・毎

①方　②毎　③万　④明

野・用・夜・来

①夜　②野　③用　④来

漢字《かんじ》のクロス ②　国語・漢字　3年～　20分　名前

夏・強・遠・絵

①遠　②夏　③絵　④強

行・後・原・公

①原　②後　③公　④行

P.76, 77, 78, 79

漢字《かんじ》のクロス ③　国語・漢字　3年～　20分　名前

分・道・風・内

①道　②内　③風　④分

画・外・園・会

①園　②画　③会　④外

P.80, 81

同じ漢字《かんじ》のちがう読み ① | 国語・漢字 | 3年〜 20分 | 名前

①じゅうしょ、す（む）　②ぜんしん、すす（む）

③てんし、つか（う）　④よしゅう、なら（う）

⑤へんじ、かえ（す）　⑥しょうか、け（す）

⑦しゃせい、うつ（す）　⑧だしゃ、う（つ）

⑨れんしゅう、ね（る）　⑩ほうすい、はな（す）

⑪てんにゅう、ころ（ぶ）　⑫じじつ、みの（る）

P.82, 83

同じ漢字《かんじ》のちがう読み ② | 国語・漢字 | 3年〜 20分 | 名前

①くうこう、みなとまち　②きてき、くさぶえ

③おうてん、よこぶえ　④かてい、はこにわ

⑤けいしょく、みがる　⑥せきゆ、あぶらえ

⑦かいがん、かわぎし　⑧れっとう、しまぐに

⑨かんぱ、なみかぜ　⑩てっぱん、いたまえ

⑪でんちゅう、かいばしら

⑫しゅくだい、やどや

P.84, 85

□しい | 国語・言葉 | 3年〜 40分 | 名前

(例)

1 あや(しい)、あたら(しい)、
くる(しい)、おそろ(しい)、
さび(しい)

2 きき(とり)、あや(とり)、
ぬい(とり)、かき(とり)、
にんき(とり)

3 はてし(ない)、しょうが(ない)、
でき(ない)、わけ(ない)、
すく(ない)

4 かい(きり)、とび(きり)、
しめ(きり)、おもい(きり)、
うち(きり)

P.86

5 ふき(つけ)、いい(つけ)、
かい(つけ)、そなえ(つけ)、
ひき(つけ)

6 ほね(ぬき)、いき(ぬき)、
おい(ぬき)、ひっこ(ぬき)、
きり(ぬき)

7 よび(かけ)、おい(かけ)、
くい(かけ)、あし(かけ)、
とおり(がけ)

8 かぜ(ひき)、ぼう(ひき)、
ふく(びき)、くじ(びき)、
あい(びき)

P.87

□あげる　国語・言葉　4年～　40分　名前

(例)

1 追い(あげる)、かい(あげる)、かぞえ(あげる)、だき(あげる)、つき(あげる)

2 すい(つける)、いい(つける)、ぬい(つける)、うえ(つける)、おさえ(つける)

3 うかび(あがる)、まい(あがる)、うき(あがる)、し(あがる)、でき(あがる)

4 入れ(かえる)、いい(かえる)、かき(かえる)、つけ(かえる)、き(がえる)

P.88

5 たおれ(かかる)、さし(かかる)、きり(かかる)、とび(かかる)、ひっ(かかる)

6 思い(きる)、いい(きる)、かい(きる)、うり(きる)、ね(ぎる)

7 おし(かける)、おい(かける)、はなし(かける)、こころ(がける)、よび(かける)

8 写し(とる)、ぬき(とる)、ふき(とる)、もぎ(とる)、よみ(とる)

P.89

答えは、例《れい》です。

2 「引き合い」のように、引き○○という言葉。

さ	る	引	き	き	き	と	・	引	わ	・	引	引
く	・	き	こ	か	返	し	引	き	せ	引	き	き
・	引	こ	み	え	し	・	き	受	る	き	上	合
引	き	も	線	る	・	引	起	け	・	当	げ	い
き	下	り	・	・	引	き	こ	る	引	て	・	・
下	が	・	引	引	き	落	す	・	き	る	引	引
げ	る	引	き	き	返	と	・	引	入	・	き	き
る	・	き	こ	金	す	す	引	き	れ	引	上	合
・	引	こ	む	・	・	・	き	写	る	き	げ	う
引	き	も	・	引	引	引	落	し	・	合	る	・

ちょっとこれはむずかしいぞ。
「引き…」。なんだろうねえ。

引	き	づ	・	引	引	き	き
き	取	き	引	き	き	し	算
は	る	・	き	ち	出	ま	・
な	・	引	つ	ぎ	す	る	引
す	引	き	け	る	・	・	き
⋮	き	つ	る	・	引	引	し
⋮	の	れ	・	引	き	き	ぼ
な	ば	る	引	き	立	ず	る
ど	す	・	き	つ	つ	る	・
	・	引	つ	ぐ	・	・	引

P.90

取り○○、引き○○　国語・言葉　4年～　40分　名前

1 ✿ 国語辞典《じてん》を引いて、次のような言葉を書きましょう。

「取り合う」のように、取り○○という言葉。

ま	す	・	・	・	り	え	る	・	取	合	・	取
る	・	取	取	取	か	る	・	取	り	わ	取	り
・	取	り	り	り	こ	・	取	り	入	せ	り	合
取	り	こ	組	き	む	取	り	え	る	・	あ	う
り	去	む	み	め	・	り	返	・	・	取	つ	・
し	る	・	・	る	取	か	す	取	取	り	か	取
ら	・	取	取	・	り	か	・	り	り	い	い	り
べ	取	り	り	取	か	る	取	お	入	そ	・	上
・	り	こ	け	り	わ	・	り	さ	れ	ぎ	取	げ
取	し	わ	す	ロ	す	取	か	え	る	・	り	る

・	り	お	・	取	ち	る	り
取	の	す	取	り	が	・	す
り	こ	・	り	つ	え	取	が
は	す	取	と	く	る	り	る
ら	・	り	め	・	・	た	・
う	取	に	る	取	取	て	取
⋮	り	が	・	り	り	る	り
⋮	の	す	取	つ	次	・	そ
な	ぞ	・	り	け	ぎ	取	ろ
ど	く	取	な	る	・	り	え

P.91

答えは、例《れい》です。

2 「思い上がる」のように、思い○○という言葉。

思い上がる・思いあた
る・思いあまる・思い
合わせる・思いいたる
・思いいれ・思いうか
べる・思いえがく・思
いおこす・思い思い・
思い返す・思いがけず
・思いがけない・思い
きって・思いきり・思
いきる・思いこむ・思
い知る・思いすごし・
思いだす・思い立つ・
思いちがい・思いつき
・思いつく・思いつめ
る・思い出・思いどお
り・思いとどまる・思
い直す・思いなしか・
思いなやむ・思いのこ
す・思いまどう・思い
めぐらす・思いやられ
る・思いやり……など

「思い……」

P.92

書き○○、思い○○ | 国語・言葉

4年～ 40分

名前

1 ✿ 国語辞典《じてん》を引いて、次のような言葉を書きましょう。

「書き表す」のように、書き○○という言葉。

書き表す・書き入れ・
書き入れ時・書き入れ
る・書きおき・書きお
ろし・書き方・書きこ
とば・書きこむ・書き
順・書き記す・書きす
てる・書きそえる・書
きそめ・書き出し・書
き出す・書き立てる・
書きちらす・書きつけ
・書きつける・書きと
める・書き取り・書き
取る・書き直す・書き
なぐる・書きぬく・書
きのこす・書きぶり・
書き物・書きもらす・
書き流す……など

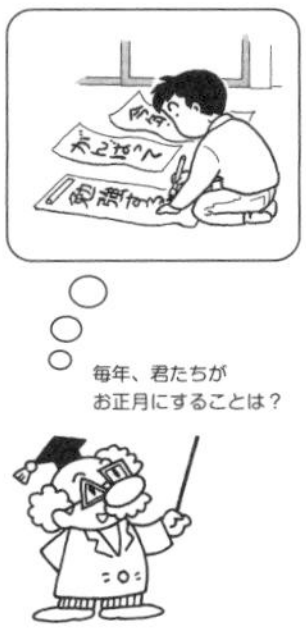

毎年、君たちが
お正月にすることは？

P.93

答えは、例《れい》です。

2 「手」のつく慣用句

手があく・手がかかる
・手がこむ・手がつけ
られない・手が出ない
・手がとどく・手がは
なせない・手にあせを
にぎる・手にあまる・
手に入れる・手におえ
ない・手にする・手に
つかない・手に取るよ
うに・手のつけようが
ない・手も足も出ない
・手をうつ・手をかえ
品をかえ・手をかす・
手をこまねく・手を出
す・手をつくす・手を
つける・手を取って・
手をぬく・手をのばす
・手をひく・手を広げ
る・手をむすぶ・手を
焼く・手を休める・手
が切れる……など

「手を焼《や》く」のは
どっちじゃ？

P.94

「目」「手」のつく慣用句《かんようく》 | 国語・言葉

4年～ 40分

名前

1 ✿ 国語辞典《じてん》を引いて、慣用句を書きましょう。

「目」のつく慣用句

目がうるむ・目がきく
・目がくらむ・目がこ
える・目がさめる・目
が高い・目がない・目
が早い・目が回る・目
から鼻にぬける・目と
鼻の間・目と鼻の先・
目にあまる・目にうか
ぶ・目に角を立てる・
目にしみる・目にする
・目につく・目に入る
・目にふれる・目に見
えて・目にもとまらぬ
・目にものを見せる・目
の上のこぶ・目のかた
き・目のさめるような
・目のつけどころ・目
もあてられない・目を
いる・目をうたがう・
目をおとす・目をくば
る……など

「目が……」
「目が……」
いくつ思いつくかな？

P.95

答えは、例《れい》です。

②「心」のつく慣用句

心がいたむ・心が動く・心がおどる・心がかよう・心がはずむ・心にえがく・心にかける・心にきざみつける・心にとめる・心にふれる・心をいためる・心をいれかえる・心をうつ・心をうばわれる・心をおどらせる・心をかよわせる・心をくだく・心をくばる・心をこめる……など

③「息」のつく慣用句

息が合う・息が切れる・息がたえる・息がつまる・息が長い・息もつかずに・息をきらす・息をこらす・息をころす・息をつく・息をのむ・息をはずませる……など

「息が……」

P.96

「気」「心」「息」のつく慣用句《かんようく》 | 国語・言葉 | 4年〜 40分 | 名前

❀ 国語辞典《じてん》を引いて、慣用句を書きましょう。

①「気」のつく慣用句

気がおけない・気が重い・気がきく・気が気でない・気が進まない・気がすむ・気がせく・気が立つ・気がちる・気がつく・気がつよい・気が遠くなる・気がとがめる・気がない・気が長い・気がみじかい・気が向く・気がもめる・気が弱い・気に入る・気にかける・気にさわる・気にする・気にとめる・気になる・気にやむ・気のせい・気を失う・気を落とす・気をきかす・気をくばる・気をつかう・気をつける・気をとられる・気をとりなおす……など

これでもこの子は
「気が……」
しているはずじゃ。

P.97

答えは、例《れい》です。

②「引く」と同じように、「おす」の意味と使い方も調べましょう。

「おす」	（使い方）
① 力を入れて前へ出す	車をおす
② 上から力をくわえる	はんをおす
③ 相手をおさえつける	おしぎみでしあいをすすめる
④ むりをする	病気をおして出かける
⑤ たしかめる	念をおす

P.98

「引く」と「おす」 | 国語・言葉 | 4年〜 40分 | 名前

①「引く」の意味と使い方を、国語辞典《じてん》を引いて書き写しましょう。上半分には「引く」の意味を、下半分には使い方を書きましょう。

「引く」	（使い方）
① 自分のほうへよせる 引っぱる	つなを引く
② 心をさそう	注意を引く
③ 体の中に入れる	かぜを引く
④ えらび出す	くじを引く
⑤ 辞書でことばをさがす	辞書を引く
⑥ へらす	ねだんを引く
⑦ 算数で引き算をする	五引く三は二
⑧ 長くのばして書く	線を引く
⑨ とりつける	電線を引く

……など

P.99

答えは、例《れい》です。

「上げる」と「下げる」　国語・言葉

4年〜　40分

名前

1 「上げる」の意味と使い方を、国語辞典《じてん》を引いて書き写しましょう。
上半分には「上げる」の意味を、下半分には使い方を書きます。

「上げる」	（使い方）
① 上へやる。高くする	頭を上げる
② 高いところにうつす。	本をたなに上げる
③ ねだんや地位を高くする	運ちんを上げる
④ いきおいやていどを高くする	せいせきを上げる
⑤ 進学させる	中学に上げる
⑥ 大きな音や声を出す	さけび声を上げる
⑦ よい結果をえる	成果を上げる
⑧ 終りにする	一日で仕事を上げる
⑨ 「やる」「あたえる」のていねいな言い方	一つだけ上げる
	……など

P.101

2 「上げる」と同じように、「下げる」の意味と使い方も調べましょう。

「下げる」	（使い方）
① 上から下へうつす	頭を下げる
② ねだんを安くする	売りねを下げる
③ つるす。ぶらさげる	名札を下げる
④ 後の方にうつす	列を下げる
⑤ かたづける	おぜんを下げる

P.100

「手」のつく言葉を調べる　国語・言葉

4年〜　40分

名前

□に「手」を書き、読みがなをふりましょう。
意味も調べましょう。

①	手《て》短《みじか》	てっとりばやく、かんたんなようす。
②	手《て》軽《がる》	たやすいようす。かんたん
③	手《しゅ》芸《げい》	ししゅうやあみものなど、手先をつかってする細工
④	手《て》配《はい》	用意すること。じゅんびすること。
⑤	手《しゅ》記《き》	自分のしたことや考えなどを自分でかいた文章
⑥	手《しゅ》動《どう》	手で動かして、機械などをはたらかせること
⑦	手《て》順《じゅん》	仕事を進めるじゅんじょ。だんどり
⑧	手《しゅ》話《わ》	耳や口の不自由な人が、目でわかるように、手で作る形やその動かし方で話を伝えあうこと
⑨	手《て》品《じな》	いろいろな道具やしかけを使って、ふしぎな芸をしてみせること

P.102

《用意するもの》

⑩	着《ちゃく》手《しゅ》	ものごとに取りかかること。
⑪	旗《き》手《しゅ》	スポーツなどのだんたいの行進で旗を持って先頭を行く人。ある活動や運動の先頭に立つ人
⑫	勝《かっ》手《て》	台所。自分のしたいようにするようす
⑬	空《から》手《て》	手に何も持たないこと。手ぶら。ぶきを持たないで、手足だけでたたかうぶじゅつ
⑭	助《じょ》手《しゅ》	手助けする人
⑮	選《せん》手《しゅ》	きょうぎに出るために選ばれた人
⑯	苦《にが》手《て》	いやな相手。じょうずでないうまくできない
⑰	歌《か》手《しゅ》	歌を歌うことを仕事にしている人
⑱	相《あい》手《て》	ものごとをいっしょにするときのもう一方の人。あらそったりするときの、もう一方の側

P.103

「火」のつく言葉を調べる

国語・言葉　4年〜　40分　名前

□に「火」を書き、読みがなをふりましょう。
意味も調べましょう。

①	火《ひ》遊《あそ》び	火を使って遊ぶこと。
②	火《ひ》元《もと》	火を使う場所。火事を出した ところ。さわぎのもと
③	火《か》薬《やく》	熱や力を加えるとばくはつを おこす薬品
④	火《か》急《きゅう》	ひじょうにいそぐこと
⑤	火《ひ》柱《ばしら》	柱のようにまっすぐにたちの ぼるほのお
⑥	火《か》気《き》	火の気。火のいきおい
⑦	火《か》力《りょく》	火のもえるいきおい。火の力
⑧	火《ひ》種《だね》	火をおこすときのもとになる火 もめごとなどのもとになるもの
⑨	火《ひ》花《ばな》	かたいきんぞくや石などがはげしくぶつかったときや、 電気がふれあったときなどに、細かくとびちる火

P.104

《用意するもの》

⑩	失《しっ》火《か》	まちがって火事をおこすこと。 また、その火事のこと。
⑪	放《ほう》火《か》	家などにわざと火をつけるこ と。つけ火
⑫	花《はな》火《び》	いろいろな火薬をまぜて作ったものに火をつけ、 はじけでる火の色や形の美しさを楽しむもの
⑬	野《の》火《び》	春のはじめに、野山のかれ草 を焼く火
⑭	近《きん》火《か》	近くの火事。近所でおこった 火事
⑮	引《いん》火《か》	ほかからの火がうつって、も のがもえだすこと
⑯	灯《とう》火《か》	ともしび。あかり
⑰	炭《すみ》火《び》	炭でおこした火
⑱	下《した》火《び》	火のいきおいがおとろえること ものごとのいきおいが弱まること

P.105

「目」のつく言葉を調べる

国語・言葉　4年〜　40分　名前

□に「目」を書き、読みがなをふりましょう。
意味も調べましょう。

①	目《め》安《やす》	目あて。およその見通し。 見当。
②	目《め》元《もと》	目のあたり。目つき
③	目《め》印《じるし》	見つけやすいようにつけるし るし。目あて
④	目《もく》的《てき》	目あて。ねらい
⑤	目《もく》次《じ》	本などの始めにあって、ない ようの見出しをならべたもの
⑥	目《め》星《ぼし》	めあて。けんとう
⑦	目《もく》前《ぜん》	目の前。すぐ近く
⑧	目《め》先《さき》	目の前。その場。近いしょう らい。見た感じ
⑨	目《もく》標《ひょう》	目あて。めじるし

P.106

《用意するもの》

⑩	注《ちゅう》目《もく》	注意してよく見ること。 関心をもって見守ること。
⑪	題《だい》目《もく》	本や文章の題。話しあいなど でとりあげる問題
⑫	役《やく》目《め》	あたえられた仕事。つとめ。 役
⑬	曲《きょく》目《もく》	音楽の曲の名前
⑭	反《はん》目《もく》	仲が悪くて、たがいに対立す ること
⑮	横《よこ》目《め》	顔を向けないで、目だけ横に動か して見ること。また、その目つき
⑯	金《かね》目《め》	お金にかえたときに、ねうち があること
⑰	品《ひん》目《もく》	品物の種類の名前
⑱	茶《ちゃ》目《め》	あいきょうがあって、いたず らずきなこと

P.107

「横」のつく言葉を調べる　国語・言葉　4年～　40分　名前

✿ 「横」のつく言葉を調べましょう。

1 横をたてに変《か》えましょう。

① 横あな ↔ たてあな
② 横じま ↔ たてじま
③ 横じく ↔ たてじく
④ 横書き ↔ たて書き
⑤ 横長 ↔ たて長
⑥ 横糸 ↔ たて糸
⑦ 横笛 ↔ たて笛

2 意味を調べましょう。

① 横やり　わきから口を出して、じゃまをすること

② 横取り　人のものを、わきからうばいとること

③ 横流し　品物を、正しくないやり方で、こっそり、よそへ売ること

P.108

《用意するもの》

④ 横紙やぶり　ものごとをむりにおし通そうとすること。または、むりおしをする人

⑤ 横車をおす　たてにしか動かない車を横に動かすように、むりやり自分の考えをおしとおそうとすること

⑥ 横好《ず》き　うまくもないのに、たいへん好きなこと

⑦ 横道　わき道。本すじからそれた方向

⑧ 横顔　横から見た顔。ある人の、あまり知られていない一面

⑨ 横合い　横の方。わき

⑩ 横たわる　長いものが横になる。ねる。前をふさぐ。じゃまをする

⑪ 横ばい　横にはうこと。もののねだんやせいせきが、あまり上がり下がりしないこと

⑫ 横たえる　立っている長いものを横にすること

⑬ 横文字　横書きの文字。英語・フランス語・ドイツ語などの外国語

P.109

さか立ちじゅく語のまき ①　国語・言葉　4年～　40分　名前

✿ （例《れい》）のように、□に１字書いて、さか立ちじゅく語にしましょう。その意味も調べましょう。

（例）① 名[実]名　② 議[会]議　③ 器[楽]器

④ 分[配]分　⑤ 重[体]重　⑥ 関[税]関

⑦ 木[材]木　⑧ 写[実]写

□の１字は
ここから選《えら》んで

[会] [楽] [実] [配] [体] [材] [税《ぜい》] [実]

（例）①	名《めい》実《じつ》	なまえとなかみ。ひょうばんと実際。
①	実《じつ》名《めい》	ほんとうの名。本名
②	議《ぎ》会《かい》	議員が集まって政治について話しあい、取り決めるところ
②	会《かい》議《ぎ》	人が集まって、議題について話しあうこと
③	器《き》楽《がく》	楽器を持ってえんそうする音楽
③	楽《がっ》器《き》	音楽をえんそうするための器具

P.110

《用意するもの》

④	分《ぶん》配《ぱい》	分けてそれぞれに配ること
④	配《はい》分《ぶん》	わりあてて配ること
⑤	重《じゅう》体《たい》	けがや病気が命にかかわるほど重いこと
⑤	体《たい》重《じゅう》	体の重さ
⑥	関《かん》税《ぜい》	外国からゆにゅうする品物に国がかける税金
⑥	税《ぜい》関《かん》	港、空港、国境で、外国から出入りする品物を調べたり、税金をかけたりする役所
⑦	木《もく》材《ざい》	家・家具などをつくるのに使う木
⑦	材《ざい》木《もく》	家・家具などをつくるのに使う木
⑧	写《しゃ》実《じつ》	じっさいの様子をありのまま、目に見えるように文章や絵で表すこと
⑧	実《じっ》写《しゃ》	じっさいのありさまを写真や映画にうつすこと

P.111

さか立ちじゅく語のまき ② | 国語・言葉 | 4年～ 40分 | 名前

❀ （例《れい》）のように、□に１字書いて、さか立ちじゅく語にしましょう。その意味も調べましょう。

（例）① 末［期］末　② 長［身］長　③ 決［議］決

④ 社［会］社　⑤ 国［外］国　⑥ 類［書］類

⑦ 産［出］産　⑧ 手［元］手

□の１字は
ここから選《えら》んで

元　身　書　会　期　議　外　出

（例）①	末《まっ》期《き》	おわりのころ。
①	期《き》末《まつ》	一年をいくつかに分けたある期間の終わり
②	長《ちょう》身《しん》	背が高いこと。また、その人
②	身《しん》長《ちょう》	背の高さ。せたけ
③	決《けつ》議《ぎ》	会議で決めること。そこで決まったことがら
③	議《ぎ》決《けつ》	会議で話し合って決めること

P.112

《用意するもの》

④	社《しゃ》会《かい》	助け合って生活している人々の集まり。世の中。同じなかま
④	会《かい》社《しゃ》	ある事業をすることによって、りえきをえるためにつくられただんたい
⑤	国《こく》外《がい》	その国のりょうどの外
⑤	外《がい》国《こく》	よその国
⑥	類《るい》書《しょ》	同じような、なかみの本
⑥	書《しょ》類《るい》	書き物。書きつけ
⑦	産《さん》出《しゅつ》	物がとれること。物をつくりだすこと
⑦	出《しゅっ》産《さん》	赤ちゃんがうまれること。赤ちゃんをうむこと
⑧	手《て》元《もと》	手のとどくあたり。すぐそば。手のうごかしぐあい
⑧	元《もと》手《で》	商売などをする元になるお金。よりどころになるもの

P.113

都道府県《とどうふけん》いろいろ ① | 国語・その他 | 4年～ 20分 | 名前

❀ 海のない８県が、アイウエオ順《じゅん》に書いてあります。
県名をなぞり書きし、その読み方を書きます。

㋐（ ぎふけん ）
岐阜県

㋑（ぐんまけん）
群馬県

㋒（さいたまけん）
埼玉県

㋓（ しがけん ）
滋賀県

㋔（とちぎけん）
栃木県

㋕（ながのけん）
長野県

㋖（ ならけん ）
奈良県

㋗（やまなしけん）
山梨県

P.114

1．海のない県に色をぬります。
- 関東地方《かんとうちほう》の３県……赤色
- 中部《ちゅうぶ》地方の３県……青色
- 近畿《きんき》地方の２県……黄色

2．栃木県《とちぎけん》にとなり合う海のある２県は？
福島 県　茨城 県

3．奈良県《ならけん》にとなり合う海のある２府は？

京都 府　大阪 府

関東地方
（赤色）
中部地方
（青色）
近畿地方
（黄色）

P.115

都道府県《とどうふけん》いろいろ ② ｜ 国語・その他　4年～　20分　名前

❀ 県名はなぞり書きし、その読み方を書きます。

1．県名に「山」のある県……赤色を地図にぬります。

㋐（おかやまけん）
岡山県

㋑（とやまけん）
富山県

㋒（やまがたけん）
山形県

㋓（やまぐちけん）
山口県

㋔（やまなしけん）
山梨県

㋕（わかやまけん）
和歌山県

2．県名に「川」のある県……青色を地図にぬります。

㋐（いしかわけん）
石川県

㋑（かがわけん）
香川県

㋒（かながわけん）
神奈川県

P.116

3．県名に「島」のある県……黄色を地図にぬります。

㋐（かごしまけん）
鹿児島県

㋑（しまねけん）
島根県

㋒（とくしまけん）
徳島県

㋓（ひろしまけん）
広島県

㋔（ふくしまけん）
福島県

P.117

都道府県《とどうふけん》いろいろ ③ ｜ 国語・その他　4年～　20分　名前

❀ ○に、ひらがなを書いて県名にします。
読み方は、上から下へ、左から右へです。

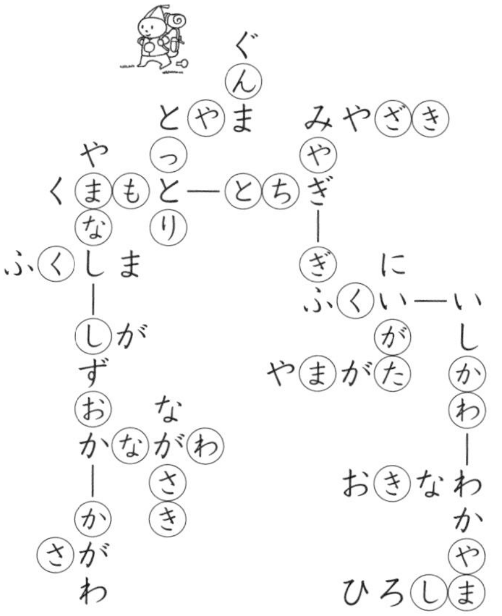

P.118

❀ 左の県を地図で見つけたら、どんどん色をぬっていきましょう。

山形県、宮城県、福島県、栃木県、群馬県
神奈川県、新潟県、富山県、山梨県
福井県、岐阜県、静岡県、石川県
滋賀県、和歌山県、鳥取県
広島県、香川県、長崎県、佐賀県
熊本県、宮崎県、沖縄県

P.119

三木　俊一（みき・しゅんいち）

「学力の基礎をきたえどの子も伸ばす研究会（学力研）」元代表委員。

兵庫県西宮市立鳴尾小学校などで、教員を務めた。

子どもたちが算数につまずく一因が、「くり下がりで余りが出るわり算（C型わり算）」にあることを発見。その計算が全部で100題あることから「100わり計算」の反復練習を提唱した。これらの指導法は、各地の学校で行われている計算指導に多大な影響を与えている。

担任出張時
自習プリント　国語・算数　中学年

2024年２月20日　初版　第１刷発行

著　者　三　木　俊　一
発行者　面　屋　　洋
企　画　フォーラム・A
発行所　清風堂書店

〒530-0057　大阪市北区曽根崎2-11-16
ＴＥＬ　06-6316-1460
ＦＡＸ　06-6365-5607
http://www.seifudo.co.jp/

制作編集担当　河嶋 紀之
カバーデザイン　有限会社ウエナカデザイン事務所
組版・印刷　㈱関西共同印刷所／製本　㈱高廣製本
※乱丁・落丁本はお取り替えいたします。

ISBN 978-4-86709-295-8 C0037